青藏高原
扎西德勒

—葉育青 著

青藏高原，位在亞洲大陸的心臟區，是神祕，是神聖，也是世人心目中的雪域。而書名中的「扎西德勒」，即藏語「吉祥如意」之意。

此次走訪的青藏高原（包括中國大陸青海省與西藏自治區），活動範圍動不動就是三、四千公尺的高度，身體在此高山的環境中，呼吸著稀薄的氧氣，加上一日四季的溫差變化，行前可是做足妥善的準備，才能因應自然的考驗。

「慢字訣」是我在高原上最好的修身法，慢走慢動慢呼吸，成為我調適體能狀況的良方。在高原能夠自在走動，我隨時注意著身體的狀況，也讓平日操勞的身心舒緩下來，減輕壓力，只希望旅程中的不測之說能夠安然度過。

行走在青藏高原上，心中不時湧現出對大自然的讚嘆，以及對生長在這片土地上的子民的欽佩。他們給了我重新看待人生、萬物的契機，因為高原的種種與我在平地生活習以為常的「想當然耳」有極大的落差。

宗教是個十分玄妙的心靈皈依，我在青藏高原慢行中，常會在夢中與最深沉的自己碰面，最後往往是流著淚醒來。在這趟旅程中，我似乎也讓自己受傷無依的心找到了喘息的空間，並重新找回蒙昧的自我。

感謝完麼老師與宗泓大哥，讓我在青海體驗了原汁原味的藏人傳統習俗六月會，還有文懋與燕珠好友，陪我在西藏一起探索心靈的殿堂，更感謝瑞蘭國際的無怨無悔，資助我寫成此書。

葉育青

目次

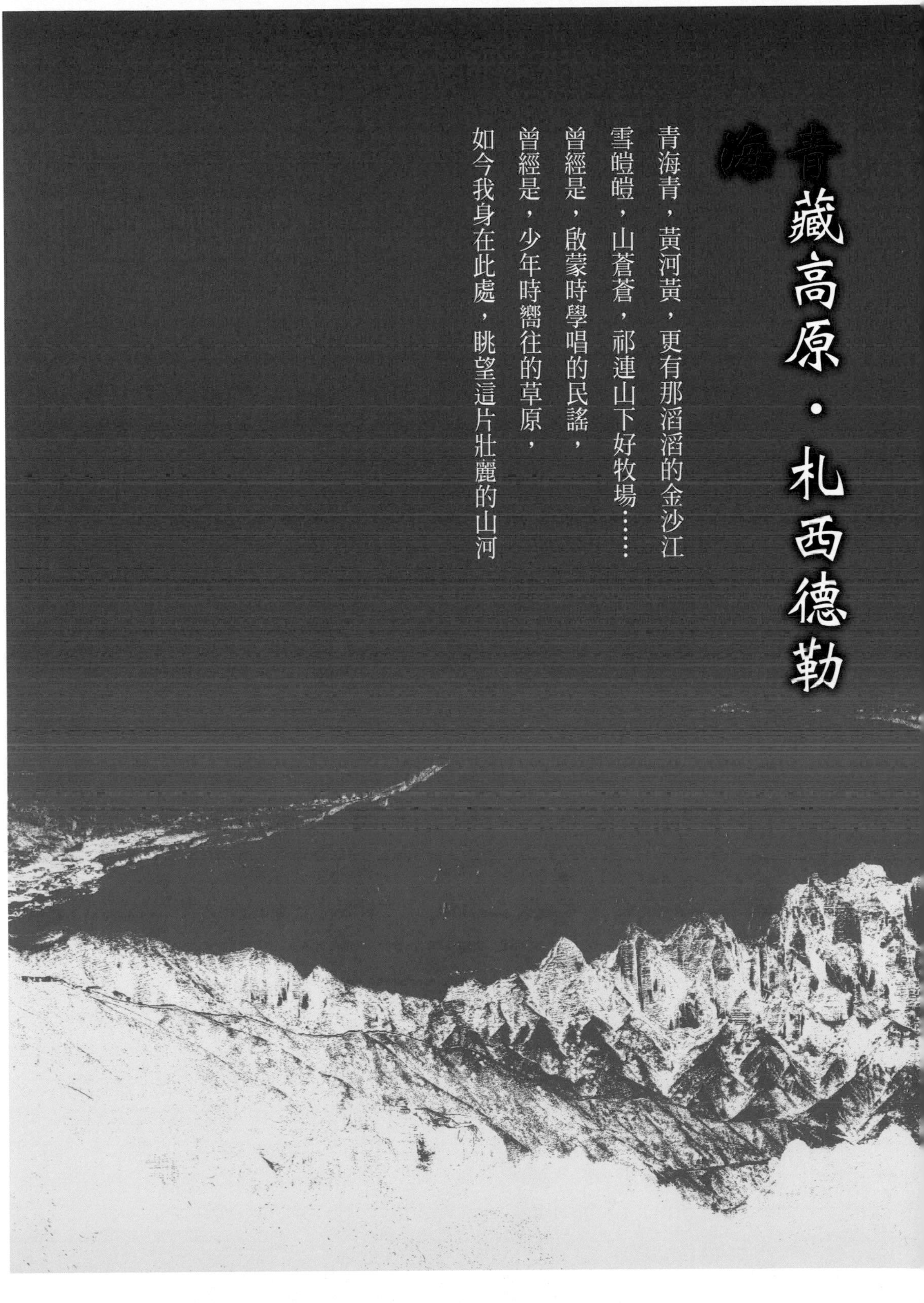

青海
青藏高原・札西德勒

青海青，黃河黃，更有那滔滔的金沙江
雪皚皚，山蒼蒼，祁連山下好牧場……
曾經是，啟蒙時學唱的民謠，
曾經是，少年時嚮往的草原，
如今我身在此處，眺望這片壯麗的山河

01

青海湖

མཚོ་སྔོན་པོ།

海拔3196公尺

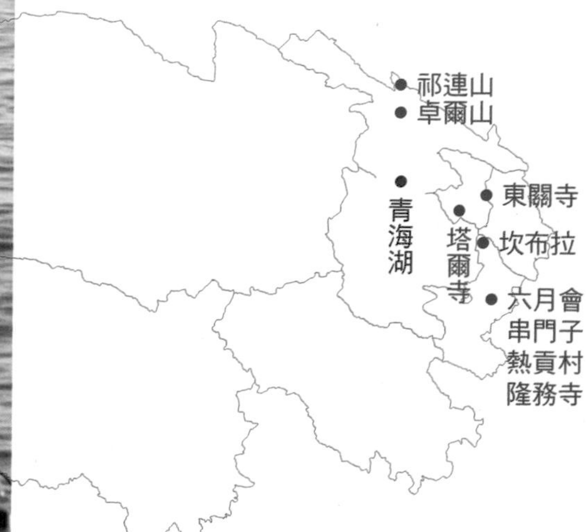

青海湖

傳說・文成公主懷中的日月寶鏡

這是一段不斷在漢族與藏族間流傳的故事：唐朝時，唐太宗將美麗聰慧的文成公主，與吐蕃贊普（吐蕃統治者之稱）松贊干布和親，公主身負著和平希望的重任，告別皇親，跟著迎親使者祿東贊，一路迢迢，要往那未知的遠方西行。

在當時，交通不如現今發達，長安與拉薩相隔千層山、萬重水，這距離、這離別、這出了宮門，就再也沒有回來的懸念了。公主緊握的雙手沒有鬆開過，臉上卻要扮著雍容大度的神情，心中可是糾結成灰了。

這和親的隊伍迤迤邐邐，三步一回頭的，彷彿此生就這麼走著就好，但再遠的路途也有盡頭啊！

穿過黃河，越過賀蘭山，來到祁連山下，公主思鄉之情，頓然湧現，掏出懷裡的日月寶鏡，那可是皇親為了讓她能一解思念，特地為她準備的。只見那日月寶鏡慢慢顯出長安都城，再仔細一看連街道也越發清晰起來，彷彿還聽得到巷弄裡的吆喝。

公主的眼淚，像是被觸發似地，刷地一聲，如泉湧出，淚水模糊了雙眼，長安城也朦朧地看不清了，公主沉浸在她幽幽的悲傷中。突然一個機靈，公主像是決意捨棄家鄉的一切般拋開寶鏡往空中一丟，這一丟如同跟家鄉訣別，連婢女都來不及搭救，這寶鏡「硴」地一聲裂了開來，說也神奇，離了鏡台的鏡面就慢慢變大，慢慢變寬，帶著公主

一波如碧的青海湖，正上方是祁連山，右方則是日月山（圖翻攝自旅館壁畫）

的眼淚形成一個碧波萬頃的湖泊，這就是青海湖，一個中國內陸最大的鹹水湖。而鏡台也隆起成一座小山，後世就以此緣故取名為日月山。

聖湖・藏族心目中的崇拜聖地

青海湖的北方是祁連山，東邊靠著河西走廊的賀蘭山脈，東南方是日月山，自然形成一個凹地，大約有一〇八條大川小溪注入，高山的融雪水讓青海湖終年常保盈盈，湖水蒸發成清新的空氣，因此青海湖是青海人很重要的空氣濾淨器。

從文成公主入藏，拋開她手中的日月寶鏡，表示她要拋棄過往，重新面對新的生活。這一層涵義，在在凸顯青海湖的特別。

青海湖的潔淨，讓人有摒棄陋規舊習、面對失敗挫折，重整旗鼓再出發的期許，對藏族人來說，青海湖自然是聖潔的表徵。

目前青海政府當局大力整飭環湖旅館、餐廳、觀光商場到處林立的亂象，原因就是，青海湖是藏族的聖湖，太多商業化的活動、噪音、汙染、穢水會汙染他們的聖湖，藏族人心裡會不舒坦，對於民族的融合，內政的管理就會出現紛爭。

像慈母愛撫般的陽光緩緩落在我身上，呼吸著從湖面盪過來的清新空氣，一吐鬱悶的心情，大自然的美好，卻被人的因素也翻騰成這個模樣，聖湖應該暗自掉了不少眼淚吧！

撲朔・達賴喇嘛六世行蹤成謎

這是關於達賴六世的故事，從達賴五世圓寂後，身為轉世靈童的六世卻是被祕密照養著，等到將他公開於世人眼前時，達賴六世已經十五歲了。

這樣的情況，讓當時的西藏政局更加複雜，尤其是和碩特汗國可汗（可汗為君主之意）的拉薩汗，一直針對著達賴六世，質疑他的活佛身分，甚至要求滿清朝廷驗明他的真假。有時挑剔六世的行為舉止，常常上書朝廷，蓄意攻訐。

達賴是清廷冊封的宗教領袖，因西藏政教分權，拉薩汗和達賴彼此一直是敵對的。

就這樣，一次次的監視，一次次的撻伐，終於讓拉薩汗抓到把柄，上奏康熙皇帝，要求懲處達賴。

旭日初昇

康熙深知西藏的政局詭譎，絕不能只聽一方之言，一個處理不好，可是會暴動的，於是派出欽差押解六世到北京。

消息一傳開，拉薩的街頭沸騰了，從布達拉宮開始，虔誠的信徒占滿了官道，他們要看一眼六世真身，希望能得到他的加持。就這樣拖拖拉拉，一路來到青海湖邊，六世經這樣折騰也累倒了。

此時康熙的加急詔書來了，內容訓斥欽差不懂完善處置，這下迎了活佛來北京，拿什麼供養？如何安置呢？皇帝發話了，這兩位欽差頓時雙腿一麻，跪了下來，怎麼辦呢？

達賴六世一邊發著高燒，一邊聽著欽差的為難，默默點了頭，要欽差放心。

傍晚，達賴坐在湖邊，心中想著生死離別，他的一生難道就要在此結束嗎？「啊！青海聖湖啊，能給我一個解答嗎？」青海湖的水，悠悠地擺盪著，達賴六世直視著湖水，專注許久……

第二天，欽差發現達賴六世不見了，是離開了嗎？到哪了？還是病死了？看來這個說法最好，於是官方記載：達賴喇嘛六世，於上京途中，身染重病，逝於青海湖邊。

從此，六世彷彿人間蒸發，再也沒有人看到他。此時六世才二十四歲，正是青春韶華，他應還有很多理想要去實現，然而他究竟到哪了？無人知曉。

滄桑・二十年的滄海桑田

清晨，我從落榻的旅館往湖邊走去，微塵中，飄散著松柏枝的清香，早起的藏族人正為湖邊的神龕獻上青稞粉，燃松柏枝。

陽光，撒在湖上，湖裡爭食的青海湟魚閃爍著金色的光芒，在湖面翻騰著。此魚只在青海湖生長，一年長一公分，十年才長十來公分，它有高原魚特有的體型，瘦小，肉質細膩。二十年前，我初到此地，滿街都是賣湟魚的攤販，可今日，湟魚產量銳減，目

青海湖的沙岸

想來達賴喇嘛六世也該是這樣走跳的年紀

清冽的湖水，有如寶石般的湛藍

五色經幡圍繞的神龕

前禁止捕撈，算是此魚有幸，不然這世界定要少了此種生物了。

我望著蒼茫的湖面，身旁的波浪一進一退的，搖擺訴說著青海湖的過往；曾經，環湖邊蓋滿了旅館、飯店、民宿，餐廳一家接著一家，賣漁獲的、賣紀念品的沿湖兜售，人潮來得比湟魚成長的速度還快，垃圾廢水盡往湖裡倒，這湖的生態環境經歷了一場嚴重的浩劫。

這幾年經當地政府大力掃蕩，凡沿湖岸邊從民間打造的渡假勝地、高級休閒飯店，到一般小型私家經營的飯館、民宿，一律只有被拆的命運，只留下公家經營的招待所。我所下榻的飯店就是公家的，設備陽春，沒有電梯上樓，自己的行李自己扛上去，早餐也是精簡到不行，偏偏房價又訂得特別高，這還真的會遏止一些遊客的數量。

從西寧搭車前往此處的路上，爆滿的車輛，兩線的車道可以開成四線道，車擠著車互不相讓，還有會鑽縫隙的、不守規矩的，整個脫序現象，令人搖頭。這群遊客都跟我一樣趕著去看青海湖的日出跟夕陽。但是，好些住宿的地方都被封拆，他們只有就地停車打起地鋪，做那以天為帳以地為鋪的豪邁行徑。這樣的混亂情形沿湖到處都是，也不見公安出來取締，不是要環保嗎？有認真切實執行嗎？

不只如此，湖邊還擺放好些現代化的遊憩器材，有滾人體氣球的、有直升機環湖的、有熱氣球高空看景的，這是哪招啊？

現在的青海湖跟二十年前比起來，當然少了那種落後的土味，但是人的素質似乎還待提升。比如說我常被拍照的相機碰來撞去，有不守規矩隨意攀爬、也有大聲嚷嚷毫不收斂，一個景點要擺上數十個 pose 仍不滿足，甚至覷了個縫，就插隊擠了進來，有時我排隊等累了，就心有不甘放棄了，這實在是令人扼腕啊。

為了這顆大石頭，我等了快半個小時，這位小姐不走就是不走，狂擺姿勢、猛拍照，乾脆我也拍她好了，不然景點地標都沒有記錄下來

新興・一股充滿活力的旅遊方式

青海湖是中國內陸最大的鹹水湖，雖然無法通向海，卻有無數的支流紛紛向她朝拜，因此環湖的周遭有許多大自然形成的特殊面貌。

金色繽紛的草原是青海湖最明顯的標記，美麗的金沙灘處處是鮮豔的花朵，與藍天的搭配更是天造地設般的融洽。

還有條倒淌河，一般的河流不是北往南，就是西向東流，不是有一句「江水向東流」，

前方深藍處就是青海湖

環湖的自行車騎乘，比後方的滑沙來得刺激

草原上的小雛菊

而它的流向卻是西向東，顧名思義，這就倒轉了。

此外還有從塔里木盆地吹來的風砂形成的一片沙丘，有居民向當地政府承租起來，做些滑沙、騎駱駝、四輪驅車的商業活動。

不過我比較推崇的活動是，近年來所舉辦的青海環湖自行車賽，想想要在海拔三千多公尺騎車，就是一件考驗體能的活了。

環湖一周，可以發現青海湖的周遭，草原遍布、水草豐美，大大小小的支流像蛛網一般，且因水源豐沛而吸引許多藏族人來此朝拜聚集，隨便就能看見藏包（當地藏族人逐水草而居的帳篷）的身影，以及成群的牛羊，

柳蘭的後方就是一大片的牛羊

還有一片又一片數不盡的花海，這些美麗的景象，讓我覺得夏天來青海的確是很正確的選擇。

藍天白雲，豪勇三騎士

旅遊小叮嚀

．食：青海湖周遭很多餐廳皆已被迫停業，但是環湖還是可以找到許多吃食，只是味道就一般般，不過道路兩旁有很多雜貨店，泡麵乾糧倒齊全，夏天水果多，可以當新鮮。

．衣：青海湖早晚溫差極大，我個人建議是夏天出遊，一來衣物不用準備太多，二來青海草原上可以看到豐富的色彩。

．住：這個就得先安排好，不然真要打地鋪，看星星囉。

青海湖住宿：hotel.elong.com/qinghaihu/center100758789/

．行：前往青海湖以自行駕車為佳，但是要有非常高超的駕駛技術。亦可透過旅行社租車，選擇優良的駕駛人員，保障生命安全。西寧車站常有隨機搭訕詢問是否需要租車服務的人，要特別當心，寧可多花錢選有保障的車子，切勿貪便宜。

青海湖入門票一百人民幣，遊船一百一十人民幣，其他遊樂設施皆以當時定價為主，約十到五十人民幣。

02

坎布拉

ཁམས་པ།

海拔3100～2300公尺

坎布拉湖

丹霞・山色如丹燦若朝霞

坎布拉國家地質森林公園，特有的丹霞地貌（陡崖裸露的地層為紅色），讓她成為高原上的獨特。

其又因地處青藏高原與黃土高原交會處，握有黃河中上游的樞紐，河水較下游清澈，青海有句民諺「天下黃河貴德清」，貴德指的就是這段區域。

氤氳・氣韻氳氳彷若仙境

天剛明未亮之時，我就整裝前往青海省黃南藏族自治州尖扎縣的坎布拉國家公園。早起是為了一探那有名的丹霞地形。當整個城鎮還在睡夢中，我已坐上備好的車子，出發了。

路，蜿蜒而崎嶇；空氣，冷冽得讓人精

黃河水氣蒸騰

坎布拉入口

蜿蜒又漫長的山路沿著河道慢慢深入山裡

神一振，雖是七月仲夏，但是溫度仍在十度左右徘徊。我的身體跟著車體一路搖晃，窗外煙雨濛濛，這天似乎有點陰鬱。

行路險又險，彷若無人之境，我像那開路先鋒一般，欲探人間難得的仙境。路上奇峰異石，不時閃過眼前，黃河曲流也忽左忽右陪伴著。有句話說：跳到黃河也洗不清，看來說這話的人肯定沒到過此處，這裡的黃河水，青碧如洗，清清淺淺，一點也不黃，似乎有點名不符實。

探幽・美景總在深山裡

皇天不負苦心人，再艱難的路也抵擋不了遊人的念想。這深山裡的仙境，終於可以一窺究竟了。

令人疑惑的是，此處居然是由國家託付私人企業來開發經營，是要付門票的。所以在購票口處，須購買陸路跟水路兩種交通工具的乘坐票券。當然，自行開車入內則只需入門票，若要乘船則須再另行付費。

佛教六字真言，又稱「六字大明咒」，即「嗡嘛呢叭咪吽」

剪刀峰

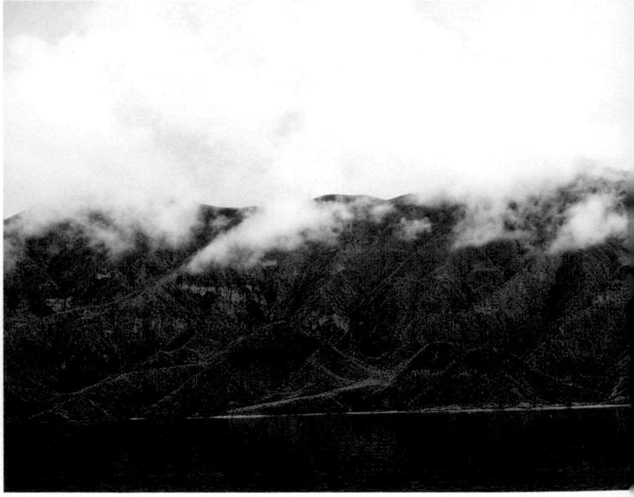

坎布拉特有的丹霞顏色

我跟夥伴們為簡省麻煩，一律付清全部費用，因為自己開車走山路的確有風險，而且風景區內有交通電瓶車接駁，整點搭乘十分方便。

只是付清費用卻又出現困難的選擇題，究竟要先選水路還是陸路呢？詢問當地工作人員，他的建議是現在雲霧繚繞，走山路必然看不清山色奇石，不如先走水路，細看湖上風光。既然如此，二話不說，我們馬上搭乘前往碼頭的電瓶車，尋幽去了。

本以為到碼頭不過十來分鐘，沒想到半個小時就這樣過去了，這片山林實在廣大啊！

終於來到坎布拉北岸碼頭，下了車，便被眼前的湖光山色給吸引得猛按相機，這等超天然的美景，湖色是水碧，山色是嫣紅，再來幾抹白雲遮掩得群峰欲現還隱，整個就是仙境會有的景色啊！

不久，碼頭開始廣播要登船了，我跟著之前等在此處的遊客一起登上遊船，一駛離碼頭，船長就用麥克風招呼大家上到甲板，他要進行詳盡的丹霞地型介紹。

只見兩岸的紅色砂礫岩在陽光的照射下，幻化出千奇百怪的樣子，有望夫石，有長得像毛主席的，還有猴子望月⋯⋯，我們跟著船長的指令不停往兩岸山峰望去，深怕錯過奇景。

坎布拉湖兩側峰峰相連，如柱如塔，似堡似寨，據說有十八座奇山險峰，皆獲得各宗教的青睞，紛紛來此建寺開宗，宣導教義。其中以阿瓊南宗與內寶宗最為著名。

約西元九世紀時，西藏的贊王朗達瑪滅佛，藏傳佛教遭此浩劫，僧人四下逃難，其中有三位法師，輾轉來到此地避禍，發覺坎布拉得天獨厚，山靈水秀，隱有佛光普照之態，於是就在此地授徒弘法，傳承藏傳佛教的教義經典。

其一山巔處正在建造黃教開宗大師宗喀巴的立像，跟這天然的景觀實在違和，但此處佛寺興旺，建個大師的立像似乎又很符合他們的崇拜信仰。

訪勝・中國版的阿凡達

通過坎布拉湖中間的湖心島，船行來到南宗溝碼頭，在此換成山路，開始另一趟訪勝之旅。

一下船，眼前景物似曾相識，彷佛又回到北岸碼頭，後來我回看相機確認了一下，此處有著鉤欄圍成的魚塭，所以的確進入到坎布拉的中心位置了。

坎布拉湖的中心位置

群峰圍繞的瑤池仙境

坐上遊園的交通車，開始一連串山地、丘陵、盆地、湖泊各種地貌層出不窮的陸路旅程，讓人眼花撩亂。

進入山區，首先就被群峰圍繞的景象給震懾住，各種奇怪的樣貌，傳説人若心懷鬼胎、作惡多端，定會看到群魔亂舞的畫面，驚惶萬分。倘若心地純善，看到的則是翩翩仙女，聞樂起舞之姿。

如此有趣的畫面，讓電影導演也要到此軋上一腳，據説集梁家輝跟劉嘉玲兩大牌演員演出的電影《阿修

瑤池仙境

大家一起起哄，買個紀念

羅》，號稱中國版的阿凡達，主要場景就是在這裡拍攝。

耗資上億的電影，在大陸上映，應該是票房保證啊！但是，上映不到一星期就下片了，據說是因為劇本內容太過誇張，不符合大陸人的胃口。如果大賣座，電影裡那些奇幻的場景一定會讓坎布拉爆紅的。

坎布拉遊園區的方式是一個景點一個站，每次開車皆須等到人坐滿才會往下個景點開去，所以運氣好些就不用浪費時間等人齊。坎布拉的自然景觀數量龐大，有的景點需要再深入，是車子無法到達，還要下車走個把鐘頭，想要每個景區都看到，需要暗自衡量、調配自己的體能。

車子繼續往香巴拉前去，這裡有個小型的聚落，販賣著當地的手工藝品，我喜歡亂買一氣，只要價錢合宜，我一定買買湊個興頭。

到了拉毛崗，雲總算開了，太陽終於透出頭來，遙望瑤池仙境，景象竟有如佛光顯現，湖水綠得像是翡翠般鮮豔，蒸騰的雲氣不再遮掩山勢，整個山峰排列開來，氣勢雄偉。

欣賞過瑤池千變萬化的景觀後，搭上車要出山區了，卻又看到一座壯觀的水壩。

在黃河的中上游區段，匯聚眾多支流集成一個坎布拉湖泊，當地為取水發電，在湖泊旁邊建造了李家峽水庫，這水庫還兼具灌溉跟防洪的重大任務，是目前世界上最大的雙排機水電站。大自然與人類相互推衍糾纏，往往在美景處又橫生一個醜陋的建築物。

拉毛崗

李家峽水庫

旅遊小叮嚀

．食：坎布拉地質公園占地十分廣大，一趟旅遊至少要六、七個小時，所以最好隨身帶點吃食，不然就是以園區內販賣的茶葉蛋、煮馬鈴薯、玉米餅為食。不過出了坎布拉景區，來到尖扎縣，則有非常多的農家菜餐館，回族、藏族的餐館都有，極具特色。

．衣：坎布拉地質公園海拔落差大，山裡天氣多變，要隨身帶件禦寒外套保暖。此外雨衣雨具也需備著。

．住：景區內並無旅館設備，需要到大一點的鄰近縣市，才有稍具規模的旅館。同仁縣三星旅館一晚約三百八十人民幣，附早餐。

．行：前往坎布拉地質公園以租車為佳，可透過旅行社辦理租車事宜。中國旅行社總社青海有限公司：https://lxs.cncn.com/

坎布拉地質公園入門票含船資與車資為二百五十二人民幣。

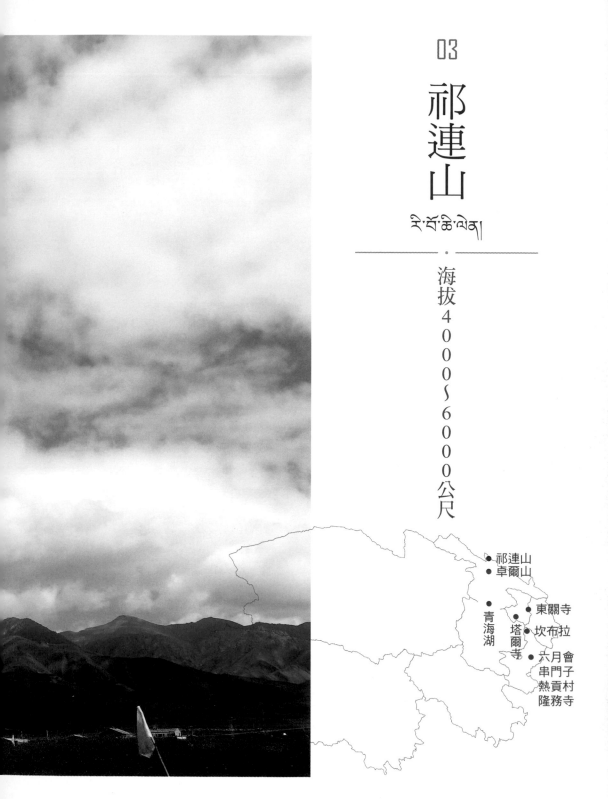

03

祁連山

རི་བོ་ཆི་ལེན།

海拔4000～6000公尺

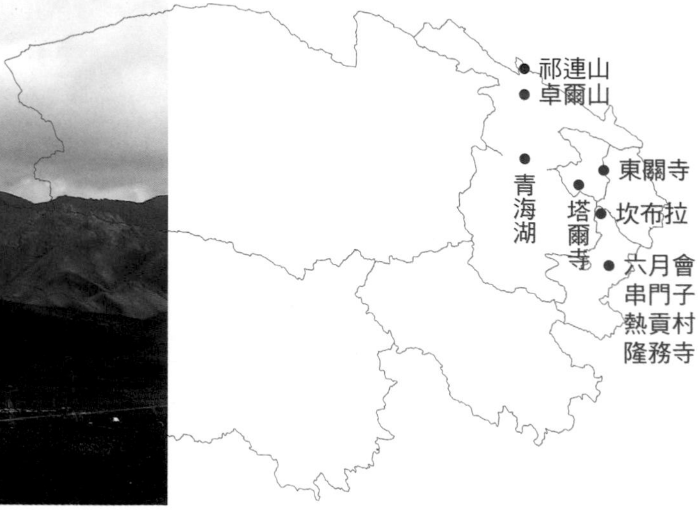

祁連山

祁連山地勢起伏變化大，有渾圓的山丘也有險峻的山稜

喜歡在山谷間縱跳的綿羊

放牧的藏族人

氂牛、酸奶跟酥油茶，高原三絕

牧場・牛羊如棋黑白遍布

車子在山路間輕盈地跳耀著，旅人在跳耀間也跟著興奮起來，因為路的前方就是有名的祁連山。

遠方的山巔似乎還看得到像糖霜般一丁點的雪跡，但山下早已被一片綠油油給淹沒了，遠處傳來牧人的嘯聲，夏季的野牧，早就如火如荼地展開了。

車沿著山路不斷迂迴，一會兒上，一會兒下，景色也跟著山南山北地理位置不同而改變，有時是連綿不絕的懸崖峭壁，有時又是一片壯闊的天然牧場。唯一不變的就是穿梭其間的牛群、羊群。

在青海的祁連山區，進行的是山牧季移的畜牧方式，牧民依據山區草綠的程度，驅趕牛羊到水草豐美處，任其自在覓食。此時正值夏季草長繁盛，整座山區皆可看見牧民帳篷的蹤跡。

大冬啞樹口，標高 4120 公尺

藏式帳篷

避暑・拋開溽暑擁抱山林

其實，夏日的祁連山正是躲避暑氣最好的地方，天際是無污染的晴朗，空氣更是純淨到不行，來到此地一定要大口吸氣，畢竟在海拔三、四千公尺，若無足夠的氧氣，身體頓時會出現各種高原反應，頭痛暈眩，甚至缺氧失去意識，都是有可能隨時發生的。

近來很多人喜歡體驗高地露營，一來能接近無光害的夜空，觀看空中滿佈的星辰，二來想遠離各類電磁波，讓心身靈可以好好在山上的空靈中得到淨化，也讓平日焦躁的身體得到舒緩。

腦筋動得快的商人，彷彿嗅到商機一般，在祁連山沿途設立了設備完整的藏式帳篷，裡面還有著現代人不可或缺的電力供應，算是挺先進的。想來感受大自然，又不想沒有電力使用，造成不便，這類的選擇暫可滿足一般人想要親近自然的慾望。

放歌・青春作伴騎騁草原

藍天與白雲是祁連山最佳的夥伴，我來得晚了，若能再早來個半個月，那草原上的顏色定會因各式盛開的花而更豐富了。

祁連山馬場

遠方的油菜花田都收割了，看不到黃澄一片

夏天來祁連山牧場，最棒的活動就是騎著馬兒在草原上奔跑了。想想，偌大的草原任你策鞭馳騁，那是多麼快樂寫意的情境啊！

我總是幻想著自己是那草原上的俠客，或是高唱著情歌準備進城會情人的牧人：

跑馬溜溜的山上，一朵溜溜的雲喲
端端溜溜地照在，康定溜溜的城喲
月亮～彎～彎～，康定溜溜的城喲……

〈康定情歌〉這首耳熟能詳的民歌，此時出現我腦海，還真是再恰當不過了。

依據完麼老師的描述，若能趕上夏季的賽馬會，那草原熱鬧非凡的景象，一定會像廟會般盛況空前啊！

迂迴．山似纏綿百轉千迴

祁連山山系綿長，我行走其間，常因彎彎繞繞的山路，而瞥見許多壯闊的美景，只是山路有些狹窄，實在不容許停車拍照，只好將大自然的美景留在腦海裡。旅程通過的大冬啞樹口，算是山路的最高點了。

這處休息區有許多攤販，其中有販賣花兒結成的花圈，讓人戴在頭上拍照的。原來山下的花海田，全跑到這來了，難怪我只能看到收穫後的殘象，燦爛鮮豔的顏色全跑到旅人的頭上啦！

下車後不一會兒，山上凜冽的空氣就慢慢從耳鼻滲入身體，讓人感受到高山溫度驟降，這時，旁邊燒烤玉米跟馬鈴薯的香味，也毫不費力就吸引我們的注意。

此地特殊的烤箱造型，完全可以在高山低溫中烹調食物，讓食物能夠熟透。當然，烤箱一打開更是傳香千里，讓人口水暗淌，忍不住掏錢購買。

販賣花圈的攤販

高山的玉米香甜 Q 嫩

烤玉米的爐子

祁連山雪蓮

旅遊小叮嚀

．食：在祁連山旅行最好隨身帶點吃食，沿途有小型休息區販賣當地的農產，烤玉米、馬鈴薯（土豆）十分香甜，值得嘗鮮。山下則有小餐館、超商可供選擇。

．衣：祁連山高度落差極大，高山頂上夏季溫度約十度上下，隨身帶件禦寒外套，保持身體溫暖。

．住：此區內並無旅館設備，只有藏式的帳篷可供租借，但仍需事先詢問，可請山下的餐館協助詢問合作的帳篷主人。

．行：祁連山山勢縱橫，一趟行程，我用將近三天的時間，分次進行。

04

六月會

དྲུག་པའི་ཀླུ་རོལ།

海拔2494公尺

藏東同仁縣六月盛會

由來・得從唐蕃之爭說起

早在文成公主入藏之前，吐蕃國就趁突厥勢微，藉機崛起，不斷侵擾唐朝邊境，希望得到更多的利益。

當時的皇帝唐太宗，他是位雄才大略的霸主，怎能忍受吐蕃國像芒刺在背般，任它胡作非為？等到他對突厥用兵結束，底定漠北後，就開始與吐蕃周旋。

從來戰爭受害的都是老百姓，一群士兵被贊普（吐蕃國王的稱呼）派駐在與唐朝邊境相接的藏東地區，成為與唐朝對戰的先鋒。死傷自不待言，遠離家鄉才是這群士兵難以忍受的苦。

經過無數的戰役跟死傷，終於，唐太宗答應吐蕃以和親方式結束戰爭的請求。這偉大的和親將換來唐朝與吐蕃近三十年的安定。駐守藏東的士兵終於盼來戰爭結束，可以回歸故鄉了。但是吐蕃王的一封詔書，卻命令他們得繼續守衛藏東，不可回歸故里。

這可是跟流放沒兩樣啊！心懸故鄉的士兵們，對家鄉的思念愈發濃烈，加上對戰死沙場的同胞手足，無法歸葬故里懷有遺憾，於是，一絲一縷的思念只好寄託山川、寄託大地，將內心裡不斷湧起的澎湃情緒，用舞蹈高唱的方式，一次次地將相思排遣出來。

於是每年六月前後，藏東地區各村莊皆會舉辦大型的祭祀活動，來紀念已死的將士、

陽光燦爛地照在藏式街道

完麼老師和披著哈達的邱大哥

抒發對故土的懷念以及感謝藏東這片新生地賦予他們安身立命的新家園，這一連串的慶祝活動隨著時間慢慢演進，成為藏東地區十分重要的文化傳承，也是六月會的由來。

儀式・敬天拜神過程繁複

清晨從下榻的飯店出發，昨晚的雨絲延續到今晨，天色仍不見好轉，心想這等一會兒觀看盛會該是一身雨淋漓吧？

車子在山裡忽上忽下，道路有時崎嶇、有時坦蕩，轉過幾道山彎後，陽光居然露臉了，我們停在同仁縣裡的一個小村落，等著跟完麼老師碰面。

完麼老師是藏族人，他的正式職業是學校的數學老師，但是他熱愛家鄉、熱愛這片土地，關懷他的族人，更擔憂孩子的將來。所以他到處接洽各式各樣的基金會，不斷為孩子爭取獎助學金，讓孩子能夠到大

朵隊村

朵隊村在二郎神廟舉辦六月會

村民搭著傘前往會場

廟埕一方的爐亭，燒著松柏枝與糌粑

城市去受教育。最近他更不虞餘力把家鄉的文化傳播出去，讓世人以及有關當局能夠重視並維護。他為家鄉所付出的舉動深獲當地住民的尊重。

然而車子並沒有等到老師又繼續前進，原來完麼老師村裡的六月會前些日子已經舉行過了，我們要趕到朵隊村，老師的妹妹嫁到那裡，他們村莊今天正要舉行六月會。

依據完麼老師的解釋，每年藏曆六月十七日到二十五日，生活在藏東熱貢地區的藏族，皆要在此段時間內舉行六月會，直到二十五日那天全區祭師們會集合做最後最盛大的落幕儀式。

一下車，完麼老師已經站在村口拿著哈達（為表示祝福時，獻上的長方形絹布）

巨大的唐卡下，圍著黃色領巾的就是祭師，旁邊是他的助手

只要能跳，不管老小一律參加

婦女只能盛裝在一旁觀看

等著我們，等我們走近便滿臉笑容為我們披上，送上祝福給我們。大家在老師妹妹的婆家稍作休息，六月會不久就要開始了。

儀式居然是在供奉著二郎神的廟宇展開，二郎神不是漢族的神嗎？這或許是他們身處漢藏的交接地帶，所以漢化程度也較西藏地區的其他藏族人來得深。

唉，才正要開始呢，雨水就不客氣地不請自來，但是並沒有澆熄當地居民的熱情，這活動對這裡的藏族人來說相當於漢人的農曆新年，是一年難得的日子，再怎樣也是要盛裝打扮，好好地慶祝一番，哪會在乎雨？

村民帶來的祭神供品拜完神祇後，就被送入廟埕一旁的金爐焚燒，空氣瀰漫著濃濃松樹的香氣，把整座殿宇薰得像是神的國度，四周則是站滿了拿著大砲照相機的外來客，大家跟我一樣，都是很興奮地觀看這具有濃厚民俗風情的活文化。

祭師帶著他的助手在神案前跪拜，默念祈禱祝福此次活動能順利，並帶給村民一年豐收平安。等在外面的我們，忍著雨傘下的濕冷，心情隨著鼓聲與鑼聲的交錯擊打，整個人被鼓動得不知接下來

上山的沿途，不斷有人在燃燒的麥草堆上鋪上糌粑（青稞粉）跟松柏枝

空中布滿了金銀紙跟燃燒的松樹香

會是怎樣一個場景。

過了一段時間，一幅幅巨大的唐卡（西藏地區畫在布幔、紙上的佛畫像）從廟裡抬出來，同時廟埕旁出現一陣騷動，一個個盛裝打扮的村民，手持龍鼓，不管老少，一個個默契良好地由老到少排成好幾個縱列。這時一聲吆喝，帶頭的人開始憾人心弦地敲打銅鑼，其他的人就依樣跟著敲打自己手中的龍鼓，於是這種單純又有節奏感的鼓聲就不斷持續著，直到儀式結束。

其中最引人注意的是，在場內敲打龍鼓、跳舞的一律是男性，他們不斷地跟著帶頭的領隊變換隊形與敲打的節奏。完麼老師在一旁解釋，小孩跟在大人後方，做著一樣的動作、跳著一樣的舞蹈，這就是文化代代傳承的方式。

旁邊的攝影機，照相機的閃光燈閃個不停，想捕捉這樣敲打龍鼓、繞圈跳著的傳統藏舞，還有文史工作者跳到隊伍裡去收集這質樸又動人的鼓聲。站在高處的祭師看看時間差不多了就一聲尖嘯，帶著唐卡跑出廟埕，整個隊伍也跟著他衝出去。現在又怎麼了？我疑惑望向完麼老師，老師也被爭先恐後的人群推出了廟埕，我看著他的手勢，不停地擺動似乎是要我們跟上隊伍。

巨大的唐卡一直在前方引導，不容易跟錯方向

這就是金銀紙，十分有藏式色彩

祭神・滿臉鮮血撫慰神靈

要跟上隊伍，可是一項吃力的活；第一，參與的人實在太多了，還有非洲來的黑朋友，他們身手矯健，緊緊跟著領先集團，我被遠遠拋在後面；第二，這可還是高海拔的地方啊，這樣跟著跑上山，很喘的。

終於，老師在山坡上幫我們佔到幾個有利的位置，我左移右挪地慢慢跟到老師附近。老師說現在是祭師祈神最重要的時刻，只見祭師來回走動，口中念念有詞，不斷向天空撒放金銀紙。

我專注看著，只見祭師一手拿瓶白酒，不斷往自己的口中灌入，然後又用口將白酒噴向天空，另一隻手握著彎刀，不斷比劃著，說時遲那時快，突然，祭師以迅雷不及掩耳的速度，握著刀往自己的額頭用力一敲，哇！現場肅靜，全部被這畫面嚇到了。

旁邊的助手立即將白酒往祭師的頭上噴灑，祭師用手往自己額頭一抹，頓時鮮血直流，祭師又往額頭一抹，將抹下的血灑向一旁的唐卡，如此反覆動作。我問了一旁的完麼老師，他告訴我這是開山、是祭神，一方面感謝山川之神讓他們在這塊土地生養，一方面弔祭以前陣亡的將士，這可是很專業的，祭師可不是隨便的人都可以當。

扦口・神乎其技嘆為觀止

接著，唐卡隊伍又移動了，這次還是由祭師帶頭往廣場前去，廣場的四周早已坐滿村裡的婦女，他們沒法跟上山但可不能不參與盛會，所以每個人都盛裝打扮坐在一旁。

祭師走到廣場的中心位置後，就開始清空場地，要攝影機、照相機離開一些，我也被推到外圍，好像又有什麼活動要進行。

果然，一群拿著龍鼓的男士們又一一排開，跟著領頭、敲動人心的龍鼓大陣又開始了。做了幾次隊形變換後，他們排成一個方陣，人手一碗祭品蹲在祭師前方，隨著祭師的祭禱詞，慢慢將拌著糌粑的祭品倒到地上，接著站起來由年紀大的排到年紀小的圍成一個大圓環。

這時祭師坐在唐卡前方，由帶頭的最長者開始，進行「扦口」。只見祭師一手握住蹲在前方的族人的臉龐，一手快速地將鐵條插過他的臉頰。如此一個個將臉穿插鐵條，直到隊伍最後方的小朋友，沒有一個例外。

這實在太神奇了，我也見過台灣乩童上身後拿鐵條穿插自身，但都是血流滿面的，不像這個扦口看似嚇人但又如此安全。而且不分老幼，一律扦口。老師說，這位祭師很資深，手法純熟，是位值得尊重的人。

唐卡與祭師

帶頭的領隊打著鑼

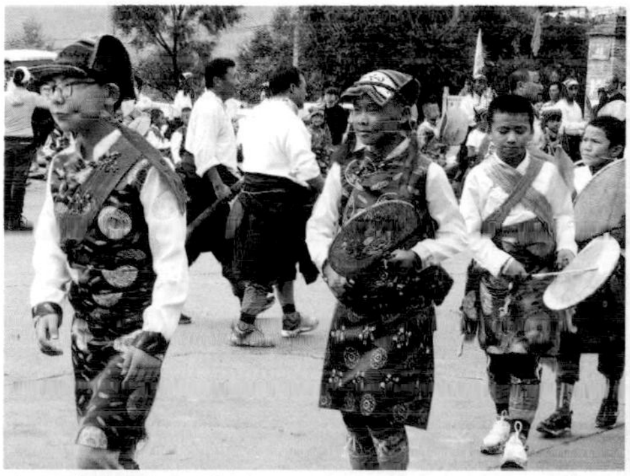
小朋友扦著口跳舞

祭師為小朋友扦口

來自非洲的友好團

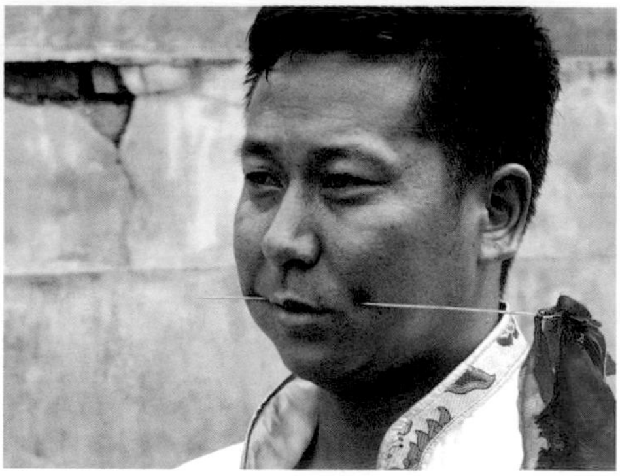
被扦口後不會流血，能説話

我問為何要扦口，老師説這是有潔淨自身、不讓身體被邪靈入侵之意；也有讓後輩感受以前保家衛國的先烈當時所受傷痛的目的；更有訓示人謹守分際，不要隨意開口答應他人的提醒。據説有的村莊是扦背，也就是將鐵條插刺過後背。這應該也很驚人吧！

舞蹈・手舞足蹈氣勢恢弘

等到村里全部的男子都扦好口，帶頭的紅衣男子一邊敲著鑼，一邊帶領隊伍，開始一連串讓人也想跟著一起飛揚的舞蹈。

他們雖扦著口，卻一點也沒有受到影響，動作一樣剽悍張揚，這可是娛神，舞得用力才能感受大地給予他們的昌盛。

一群人不斷敲打節奏明確的龍鼓，跟著帶頭的人跳出藏族特有的舞步，這是兼具力與美的動作。現場除了鑼聲鼓聲喊聲，就是照相機按快門的聲響了，我的兩台寶貝也已經換了兩三次電池。

舞蹈的力量，來自於他們虔誠的信仰，六月會是他們感謝上蒼、感謝祖先、感謝佛祖的盛會。

傳承・人類歷史的活文化

結束這村的六月會，完麼老師説鄰村也在舉辦六月會，他們用的是戰舞的形式，很

這祭品跟我們農曆七月中元普渡的供品很像

圍在一旁的藏族婦女、小朋友

是特別。我們難得來上一次，一定要去看看。

雖然我又冷、腿又酸，但是好奇心絕對不輸人。於是，跟著老師直接走到鄰村。這個鄰村的概念，是不能用台灣的標準來判斷的，路有一大段，因為交通管制，所以我只能徒步過去。

行路迢迢啊！肩上的相機越發沉重，山溝裡隱隱發出興奮的吼聲，我真想插起翅膀飛過去啊！幸好雨勢已收，不然怎堪承受。

好不容易來到鄰村，街上的每間店舖前方都擺了滿滿的祭品，看來跟朵隊村很不一樣喔。

吼聲一陣陣穿過街道傳了過來，我得加快腳步才行，完麼老師早就到前面去不見人影了。前方圍著滿滿人牆，連兩旁的商店上頭都站著圍觀的人。

我奮力擠到前方，只見一群穿著傳統藏族鮮豔服飾的人，分列排成四縱隊，然後聽著前方的指揮，各從兩頭交互跑到對方的位置，有點像是兩軍狹路相逢、互相比拚的樣子。

只是他們站的樣子有點奇怪，曲著身體，彎著腰，雙手握拳做

龍陣

出攻擊的樣子。一聽到前方司令喊出像是跑的動詞，就高喊著跑動起來。我擠到完麼老師旁問他，他說這個彎著腰的隊形像一條蟒蛇，意取蟒蛇堅韌、戰鬥力高昂，用來紀念當時作戰的士兵。又說是龍舞，像龍一樣翻騰不已。

接著他們又面對面，互相擺動袖子，高聲吶喊，展現近距離攻擊的情境，如此來回數次，就聽到鳴金收兵的聲音，接著這群演練作戰的人就跟著帶頭的隊長，沿著山城的樓梯跑了起來，上上下下，來回好多趟，我看得眼都花了，儘管有人跑不動乾脆用走的，但就是沒有人停下來。

我在此地看到的六月會，都是全村一起參與，甚至遠在他鄉的遊子也會趁此盛會趕回家團聚、共襄盛舉。而各個部落與村莊互相幫助，不管老少全部動員。這就是最好的傳承，書本教育是死的，唯有身體力行才能將此風俗文化真正保存下來。

旅遊小叮嚀

‧食：此次六月慶典，我們作客完麼老師的妹妹婆家，吃的是道地的藏式餐點。街上也有餐廳麵館可供選擇，價位十分平實。

‧衣：雖是夏季，卻也是當地的雨季，雨有時下一陣子，一會兒又放晴，有時則是說下就下。一下雨溫度就會遽降，要準備薄外套以供臨時所需。

‧住：六月會舉辦的地點在藏東黃南熱貢地區，所以可以考慮選擇附近的同仁縣的旅社，設備也較齊全。

‧行：可接洽旅行社包車，如果自行開車則費時費力。包車價錢依據車種而定，司機小費另計，約一天一百人民幣。

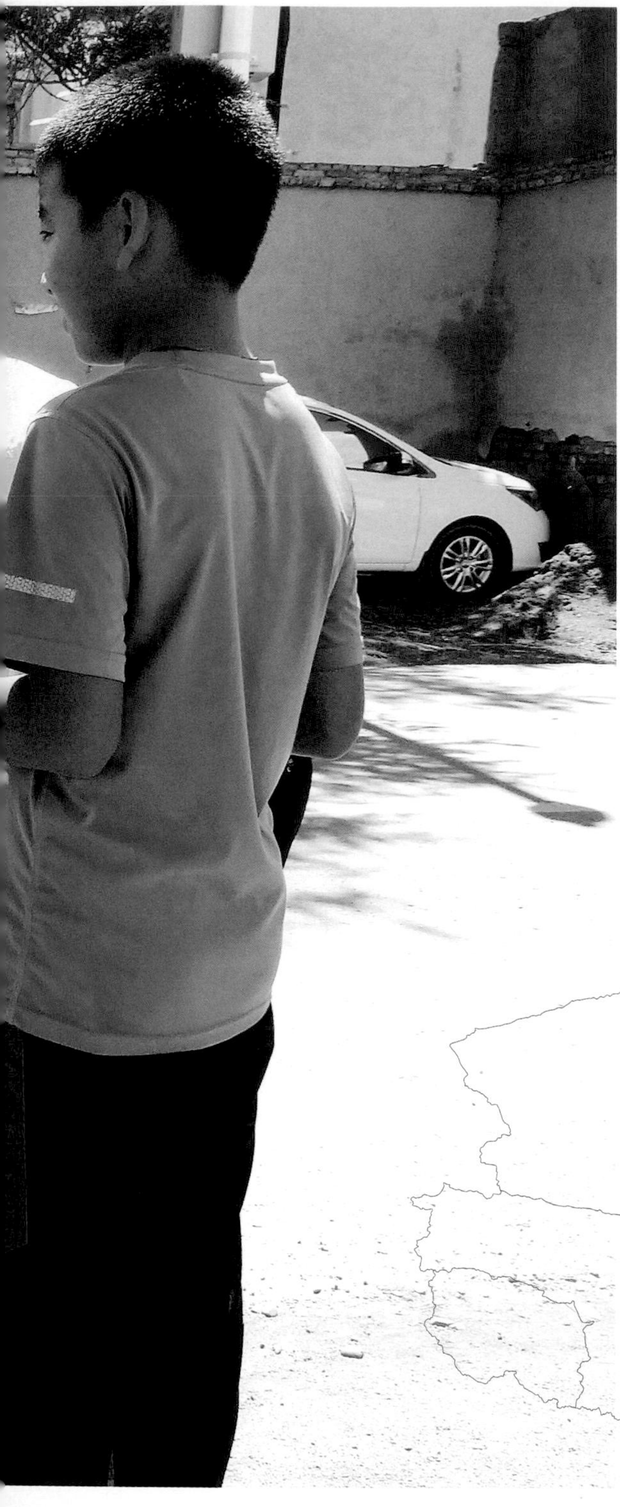

05

串門子

ཁྱིམ་ཞུལ་བྱེད་པ།

海拔2491公尺

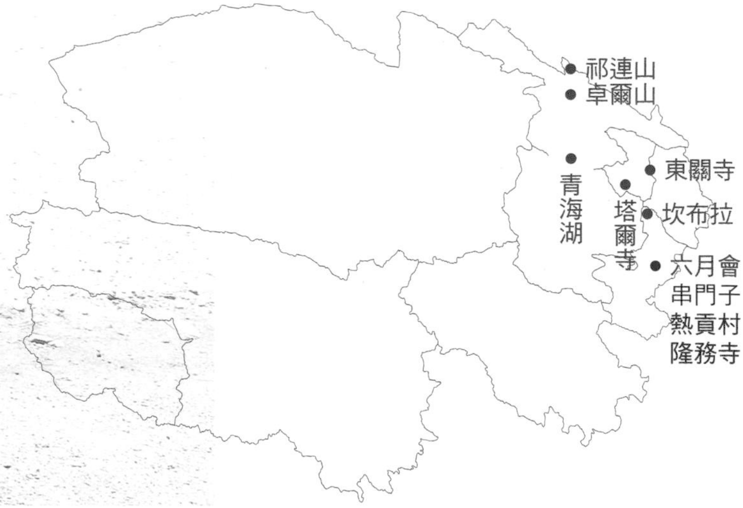

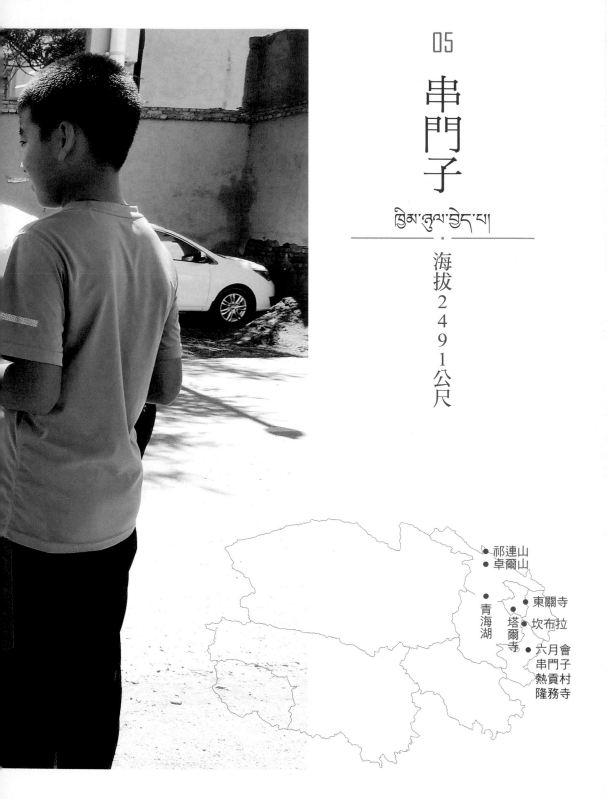

完麼老師為我們披上哈達，並祝福扎西德勒（吉祥如意）

機緣・海內存知己四海皆兄弟

緣分總是如此神奇，邱大哥是位熱心公益的長者，他長期資助一群弱勢的青年學子，給予他們在物質上較為寬裕的用度。此次，他因緣際會在台灣結識了正帶著一群藏族學童來台交流的完麼老師，彼此交談甚歡，完麼老師極力邀請邱大哥一定要來感受藏族的六月會。

牆壁旁曬著青稞

而我則是最愛跟的，所以邱大哥一約當然二話不說就配合一起啟程了。雖然我聽著要去看六月會，卻一點也沒有概念，只知是居住在藏東黃南區的藏族特有的慶典。而且完麼老師對我而言是位完全陌生的人，剛開始我還以為是姓王名模的老師，碰到有疑問，就王老師長王老師短地請益一番，直到大家彼此坐下好好介紹，交換資料，才知道糗大了。

但是，做大事的人是不拘小節的，完麼老師極力推廣藏東文化，對於藏區學生的前途十分注重，到處為他們尋求更好的資源、更完善的環境，在藏東黃南區是很受當地藏

傳統的藏式大門

傳統的藏式三合院民居

族人尊敬的。

傳統・深入藏區感受藏族生活

這次我們能夠參與六月會的盛典，真的很感激完麼老師，而且他的熱情，從一見面就可以完全感受到，他親自站在村口等著我們的到來，誠摯地為我們獻上「哈達」（為表示祝福時，獻上的長方形絹布），並擁抱我們。

獻哈達，是藏族很重要的儀式，是對尊貴重要的客人才有的禮節。相傳在以前物質不充裕的時代，能夠擁有一條上好的綢布就相當於擁有一頭牛，但是贈送一頭笨重的牛總是不雅，於是有頭腦機靈的人用哈達代替，慢慢演進到現代，對遠來的客人獻上哈達就是最高的誠意了。

我們在藏族的寺廟常可以看到哈達滿天飛，應該也是這樣的涵義，獻給神佛最高的敬意。

沿著略為窄促的鄉道，我們前往完麼老師妹婿的家中作客。這可是完全的藏式民家，標準的三合院落，但卻是用一團土牆

客廳的茶几上擺滿了吃食

包圍起來，這些用當地的土石夯實的牆壁，具有保溫、調和濕度的功能，是很典型的藏式建築。

穿過大門時腳須跨過門檻，這跟漢族的習慣雷同，踩著門檻進入他人家裡是很沒有禮貌的。穿過院落來到正面的主廳，老師的姻親很熱情招待我們坐在客廳。

廳堂十分寬大，桌上擺滿了各式吃食，我以為這是要招待我們才如此，後來又穿門過街地看了幾戶藏民家，發現家家戶戶的廳堂都是如此擺放，原來這跟我們過節時在客廳準備各類餅乾水果，隨時歡迎親友來串門的意思是一樣的。

一等大家坐下，老師跟他的妹婿就舉起碗，倒了滿滿的青稞酒，要敬大家三杯酒。天啊！這可是青稞酒，純度高達四十幾度的酒精耶，三大碗下肚，根本就站不起身，雖然我號稱自己千杯不醉，但這也太豪氣了。不過，這是藏族人的傳統，一進門就先來三大杯以示誠意，我委婉地要了小酒杯，也是三杯給他喝下去。青稞酒入口甘甜、清香，比我想像中還要好喝，聽說這是完麼老師的妹婿家自釀的，技術真好。

酒過三巡後，大家開始聊了起來，從移居藏東的原由，到維護傳

完麼老師和他好客的妹婿

純度很高的青稞酒

統、如何傳承，以及現代藏族子弟的前景，這些都是十分重大的課題，我靜靜聽著完麼老師、邱大哥心懷社會的發想，以及樂觀看待未來的眼光，學習了很多正向的人生觀。

世界是這樣的，總是有一群人願意不斷地付出，希望他們小小的貢獻能夠讓周遭的人更好，這樣他們就能開心繼續努力下去。

美食・真正純天然手作不求人

聊著聊著，廚房傳來陣陣菜香，不一會兒原本就滿是食物的桌上，層層疊疊了更多的麵食、菜餚。這些傳統的藏式食物，乍看跟平地的漢族食物沒有兩樣，但是一咀嚼起來，味道的層次感就顯出特色來了。

比如人手一碗的麵線，口感比起我們平時吃的麵食又多一分咬勁，含在嘴裡也不會黏糊，再淋上完麼老師的妹妹巧手拌的佐料，那青色濃豔的菜汁，油滋滋的色澤，初見會讓人望之卻步，但是一跟麵條搭配卻又是香味撲鼻、辛辣爽口，我就吃了好幾盤。

還有那用青稞粉揉製的麵團，酥炸之後，渾厚又飽實，吃完會讓人有幸福的充足感，在冷天裡來上一片，可是能產生極大的熱量。

傳統的麵團跟酥油茶

邱大哥切開羊肉分食

接著是讓人期待的清蒸羊肉，羊肉特有的騷味，可是騷得人心癢癢的，完麼老師讓邱大哥拿著小彎刀來開肉。這小刀在藏族可是人手一支，因為藏族人喜食羊肉，羊肉經過宰殺，通常就放血風乾，必要時就用隨身的小刀裁肉來吃。但近來由於實施安檢，藏族人已經比較少隨身佩戴了。

除了羊肉，還有水餃，藏族人也喜歡在水餃裡包討吉利的東西，有時是小錢幣，有時是蓮子、花生……，讓吃到的人開心。我雖沒吃到吉利的餃子，但是肚子卻腫得跟餃子餡沒兩樣。

最後就是克服高原反應最好的朋友——酥油茶，它的味道有淡淡的鹹味，茶味不重，有股乳酪發酵後濃郁的香味，初入口感覺十分陌生難嚥，但是喝多了，也就適應這股味道，身體反而覺得舒坦起來。

這頓飯吃得賓主盡歡，因為太飽了，大家都腆著肚子，且因喝了酒，走起路來搖搖晃晃的，十分有趣。

藏族小孩，後方就是他們家的神龕

看到大家都跟哥哥姊姊玩而不跟他玩，他賭氣了

禁忌・旅人造訪須知勿踩地雷

許是吃得太飽足了，大家不約而同站起身來，想要消化消化。走出客廳，發現外面圍著一群小朋友興奮地看著我們，有的比手畫腳說著藏語，有的則是靦腆地笑著，這群孩子穿著傳統的藏服，臉上則是高原上特有的紅臉頰，望著我們真是可愛。

完麼老師跟大家說，在藏族，因為信仰的關係，他們認為孩子的頭上、肩膀上皆有神佛護持，所以除非親人，最好不要隨便對小孩摸頭拍肩膀。

此外，到了藏族家看到神龕也不要隨意拍照，這樣對神是很不禮貌的。害得我對他們家不同於漢族、很有藏式風格的神龕欲拍不能，十分難受。

於是我只好仔細觀察，發現神龕的牆壁上掛著班禪喇嘛的畫像，為何獨獨沒有達賴喇嘛呢？原來是達賴十四世因為政治因素流亡海外，所以他們為了避免麻煩就盡量不談這個話題，連畫像也不掛。

屋頂上的風光，似乎也不錯

人情・把酒共歡暢交心釋真情

人跟人的相處，有的一見如故，聊起話來滔滔不絕，有的就算是再相見也當不識。

但也有人天生好客，只要是朋友就完全接納，敞開胸懷、知無不言。我在完麼老師身上看到這樣的特質。

熱情對待客人，彷彿是藏族人的天性；面對他的親戚，我用漢語提出要求，他家的女眷雖能聽懂但不太會回答，但仍極力滿足我的要求。連我詢問能否讓我爬上屋頂去拍照，也都拿著梯子來，要我爬上去小心一點。這樣的人情味，讓我倍感溫馨。

旅遊小叮嚀

- 同仁縣朵隊村在山溝裡，路途頗遠，我們是靠著完麼老師的指示，才找到的。
- 邱大哥的基金會是「普仁青年關懷基金會」，常邀請各國學子來台參與文化交流、夏令營等活動。

06

熱貢村

རེབ་གོང་།

海拔2196公尺

熱貢畫院

塑像：勝樂金剛與金剛亥母

塑像：千手佛立像

一筆一世界
一畫一如來

文化・人類非物質文化遺產

穿過祁連山，沿著隆務河流域，這裡生活著一群隸屬於青海省黃南藏族自治區的安多藏族人，他們在此生養，從事農作，閒暇之餘，創作藝術成為他們最大的樂趣。

寺廟是展現他們虔誠最好的地方，從山門的牌坊、大門與大殿、到門樑、畫棟，他們對藝術的天分展露無疑。這樣的才華慢慢傳承演進到佛像的繪製，從壁畫、唐卡、卷軸畫、雕塑到堆繡、剪黏等等，這群吸收日月精華的藝術家，彼此興趣相投，又能互相砥礪，漸漸地在現今同仁縣的熱貢地區形成

藏式色彩的圍牆

一股流派，這是人類藝術智慧的結晶。

由於篤信佛教，所以熱貢地區藝術家的作品主題，大多是藏族人生活、佛教經典、佛祖菩薩。也因藏傳佛教屬密宗流派，若能將佛祖塑像雕刻變成畫軸攜帶，以傳授佛法，那就更方便。這樣的發想助長了唐卡繪製、卷軸畫的盛行。

漸漸地，這種有著獨特性、充滿藏族色彩的藝術品，吸引更多的熱愛者投入其中，熱貢地區就慢慢成為藝術重鎮。

藝術・藏傳佛教重要藝術流派

熱貢在藏語中的意思是夢想成真的金色谷地，並不特指一個行政單位，它比較像是一個藝術村，所以我用類似地球村的概念來稱呼它為「熱貢村」。

車子一開進這個區域，眼力所及皆是有關藝術、設計、繪製、唐卡……的招牌，而且是三步一小間，五步一大店，琳瑯滿目，可以推斷藝術工藝幾乎是整個區域的命脈。

這裡匯集了整個藏東地區最棒最多的藝術創作者。從街上的看板招牌，到店裡展售的工藝作品，處處充滿著藏族特有的審美觀念。

顏色富足最能體現藏族人對於天地的禮讚，他們喜歡和樂豐康的顏色；紅色的喜慶、金色的華麗、黃色的豐饒、銀色的神賜、綠色的欣榮、藍色的包容……這些斑斕的色彩運用，處處展現在他們的作品裡。

藏族人可是天生的藝術家，他們的血液裡流動著源源不絕的創作活力，他們可以忍受高寒、忍受饑饉，只要手可以動，那栩栩如生充滿生命

熱貢畫院大門

唐卡：白度母

力的作品就會不斷地流傳下來。

在熱貢村有許多專門培育青年學子的藝術學校；也有秉持傳統的師傅帶著徒弟手把手的教授方式。為了一窺熱貢藝術傳承的方式，我們跟著完麼老師來到熱貢畫院。

畫院裡，有當代最厲害的唐卡畫師，在此傳授畢生精湛的手藝給一群才華洋溢的學生，他們以繪畫、刺繡以及唐卡為主要教授內容。本來可以參觀一下他們授課過程，但一來正值暑假期間，二來師父們正在做功課，不方便打擾，只好參觀他們已完成的作品。

唐卡・一千多年來的傳奇藝術

唐卡約在吐蕃時期出現，相傳當時製作唐卡的主要材料是人皮，後來文成公主入藏後，才改其習俗用絹布或棉紙替代。唐卡在當時大都有著濃厚的印度與尼泊爾風格，到了十六世紀左右，藏東的畫家在印度、尼泊爾的基礎上，增添了許多漢族文人的元素，比如背景出現山水、花草、留白等濃厚的文人氣質，形成特有的藏式風格。

這種風格受到當時包括塔爾寺等格魯派（藏傳佛教中一支）大寺的喜愛，於是新興的畫風就在藏東熱貢地區自成一派，蔚為唐卡的重鎮。

唐卡的製作過程繁複，首先畫師在繪製唐卡前必須齋戒禮佛，敬心誠意。接著在事先準備好的紙張或絹布上勾勒線條，通常一位有經驗的畫師必須嚴格遵守一筆而就、絕無重複描繪線條的規矩。而且對於唐卡的布局也必須謹守佛教的經典，通常以釋迦佛祖證道、黃財神、白、綠度母（藏傳佛教中的菩薩）、千手觀音等為主要構圖的對象。

線條繪製完畢後就是上色，在熱貢區，唐卡的顏料採用天然的礦石磨製而成。一般來說，每個畫師私下都有自己調製顏料的配方，紅色的礦石，藍色的藏青石，綠色的孔雀石、綠松石；雄黃、石黃提煉黃色，還有藏紅花，雲母，黃金，珍珠……，這些天然的礦物，活性穩定，不容易氧化，可以保持顏色千年不變。

繪製一張唐卡至少要用到三十到五十幾種配色，有的還會用黃金或黑金勾勒線條，即使是專業的畫師，從繪製到完成仍至少要好幾個月。製作完成的精美唐卡，還要搭配藏式風格的錦緞裱褙，通常採用的是紅黃藍綠等充滿藏族顏色的綢緞。

如此費時費工的唐卡，具有濃厚的宗教文化底蘊，而且繪製的佛像、菩薩，畫工精湛，栩栩如生，色澤豐富經久不褪。最神奇的地方是，完成後的唐卡，不管你站在哪個角度看過去，都會發現畫中主要人物的眼光直視著你。

一張裱褙完成的唐卡，還需要到寺廟請高僧開光加持，很多藏族人將之當成傳家之寶，篤信佛教的人更是趨之若鶩，以擁有唐卡為榮。

此外也有運用刺繡方式製作的唐卡，繡工的一針一線更是出神入化，不仔細看還以為是畫的。還有使用更高深的堆繡技法，讓唐卡呈現立體視覺效果，這些做法更是耗費時間，往往需要好幾年的時間才能完成。

信仰・藏傳佛教千年屹立不搖

我第一次見到唐卡，馬上被它充滿神祕的色彩吸引，內心也期盼能擁有一張屬於自己的唐卡。曾經有人告訴我，擁有唐卡必須要有佛緣，最好能夠有心靈的觸動；就是說，在萬千張唐卡中，你能見到而與它有種默契，有種非它莫屬的感應，那這張唐卡才是你需要的。

但那種機緣可遇不可求，我還為此買了盒唐卡的拼圖，只因我與四臂觀音的拼圖似乎有所共鳴，見到它的當下，它好像告訴我「把我帶回家吧！」。

來到熱貢村，我蠢蠢欲動，心想，這次可要好好觀想，請張唐卡回家。可是，當我了解到唐卡的製作過程後，我的態度有了一百八十度的轉變。

首先是唐卡師傅的犧牲。來此後我才知道，當師傅在為唐卡上色時，為了要勻潤顏料，常常就將沾好礦石顏料的筆往自己的舌頭上調勻顏料，利用唾液來讓色澤在畫布上更牢固，每每完成一幅唐卡，師傅的舌頭也被折騰得不成樣，更不要說他吞進了多少含有重金屬的顏料，師傅簡直是用他的生命在繪製唐卡。也因此，每位資深的唐卡師傅，身上總是有著數不清的勞疾，那些因長期彎腰而佝僂的身體、與因專注畫作造成深度的眼傷，都是繪製唐卡後留下的職業傷害。

唐卡之所以製作精巧繁複，那是因為虔誠的信仰支持，唐卡是佛祖、是菩薩、是觀音，它是一種神祇的力量，它需要信徒真誠的供奉。通常一張唐卡是可以傳世千年的，而它背後的宗教意義更是深遠，如果只是當成藝術品保存，那就失去它的精神意義，徒增更多的職業傷害，與飆高的市場行情。

如果，你也跟我一樣對此藝術深感興趣，那麼用印刷品來替代真品是否就可以了？且讓真正具有虔誠信仰的人來擁有它吧！

唐卡：白度母

旅遊小叮嚀

・食：同仁縣城是個現代化的藏式小鎮，縣中心百貨商場林立，吃食選擇很多，吃高貴的、喝便宜的任君挑選，甚至連蘭州拉麵都有。

・衣：夏季跟台灣的天氣差不多，只是沒曬到太陽的地方就會感到涼意。

・住：同仁縣有星級的旅館很多，可以考慮選擇在此住宿，設備也較齊全。

・行：從西寧到同仁約有一百八十公里，有公車可到，但是同仁比想像中大，所以跟著旅行社或租車比較方便。

刺繡唐卡：菩薩

07

隆務寺

རོང་བོ་དགོན་པ།

海拔2558公尺

隆務寺

隆務寺外牆的轉經輪

隆務寺廣場上的鴿子

五體投地大拜

三面佛

經輪・千迴百轉輪迴不斷

清晨微光中，雨絲穿過雲層，如情人在耳邊的綿綿細語毫不間息，我來到了隆務寺。這座位在隆務河中段的佛寺，是藏傳佛教噶魯派重要的寺院，它的地位和影響力在安多藏區僅次於拉卜楞寺和塔爾寺。

隆務寺沿著隆務河谷地依山而建，是一座龐大的佛教園林建築群，各個佛殿經堂比鄰而居、錯落有致，是安多藏區重要的佛教文化學府。或許是受漢族的影響，這群藏式建築卻有著類似漢式的屋頂，如果天氣晴朗，明媚的陽光會照得經堂金光閃閃，耀人眼簾。

隆務寺的外牆圍著一排轉經輪，雖然有雨，但是藏族人虔誠的信仰卻不停歇，每人皆手持佛珠，口中默念，緩緩地轉動著經輪，彷佛開天闢地以來就是如此，縱使人間輪迴千百次，亦不改其諄諄流轉。

朝拜・敬心誠意五體投地

隆務寺大門廣場上，有座鎏金的綠度母三面佛，面容安詳地坐在蓮花寶座上，雖是清晨，下方早已布滿信眾供奉的鮮花與哈達。

早來的信徒們，正循著順時鐘的方向，繞著祂虔誠念著經咒。一旁的空地上，更是排著整齊的氈毯，五體投地朝拜著。

據說，每個藏族人，一生中有三大必須完成的功課，首先就是到布達拉宮朝拜，見見達賴喇嘛，然後到大昭寺去朝拜釋迦牟尼的等身像，最後就是要做足一萬次的五體投地禮拜。一萬次耶，這可要多大的恆心跟毅力，無法想像這得要有多虔誠的心才能做到。

廣場旁是鴿子的世界，小朋友等著做完五體投地禮拜的家人，跟著鴿子玩起捉迷藏，好恬靜的畫面啊！藏族人虔誠無欲的信仰，讓這個小鎮顯得那麼和諧純樸。

遙望・隆務河上金燦奪目

二十世紀中，從國民革命推翻滿清、軍閥割據、國共分裂，到令人震驚的文化大革命，隆務寺屢屢遭到戰爭與文革的破壞，因而嚴重損毀，直到最近才一一恢復，開放參觀。

隔著隆務河，隆務寺氣勢恢弘的建築群，隱隱有著佛光庇護。當初只是一間小小的佛堂，沒想到，時光流轉，不管是政治還是宗教的因素，隆務寺的規模與地位在藏傳佛教中越發重要。

曬佛節，翻拍寺內的資料照片

隆務寺的信徒

遙望隆務寺

正在準備的樂團

經幡跟唐卡

每年隆務寺從春節開始，就是熱貢區重要宗教活動的場所。其中以元宵前的曬佛節，最為熱鬧。這時整個隆務寺擠得滿滿的遠從四面八方而來的信徒，他們認為可以看到佛祖就能得到一整年的祝福與庇護。

夢土・巷子裡的夢幻時光

位在隆務寺附近的街區上有家藏族風味餐廳，他的店名「夢土」雖充滿現代PUB的風格，招牌卻十分藏式，上面漢文藏文同列，令人備感驚奇。

完麼老師帶我們穿過大街走進小巷，轉進來一間純藏式建築的餐廳，走過小巧精緻的小庭院，來到餐廳門口，大門旁一幅黑色的牆面，上面寫著佛家護法詩句：

雪域怙主觀音尊勝海
誓佑加持這片梵淨之地
高地蕃域猶如夢之壇城

用餐的飯廳，視野景觀非常好

夢土的入口，黑色牆面有護法詩句

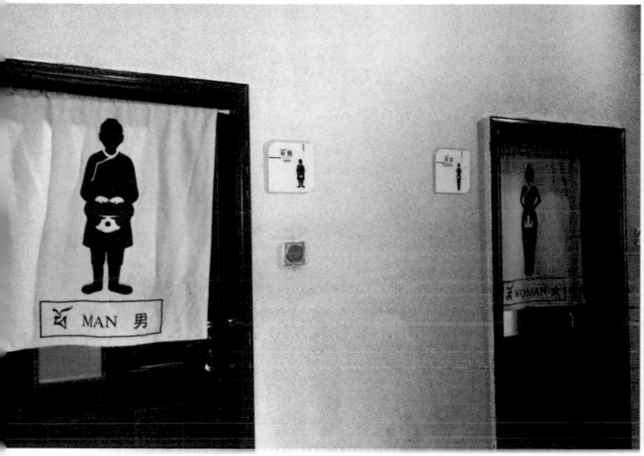

夢土超有味道的洗手間

三樓休閒區

金色谷地便是充盈榮光福德的境域

——唯佤・阿旺米潘達瓦

多麼特別的店家，一入內就被昏暗的霓虹燈光給惹出好奇，原來是間PUB，原以為要在此用餐，但是接待的侍者卻帶我們繼續往二樓走。

走上二樓，觸目就是長長的經幡與唐卡，果然很有藏式風格。這家餐廳的設計感十足，從室內擺設、搭配到顏色的呈現，感覺是藏式，卻又很有現代感，真的很值得來朝聖。

三樓的設計又是一番變化，走的是城市文青風格，裡面書香味濃厚，卻又有茶藝館跟咖啡廳的風雅，實在很多元。

我們用餐的地方是二樓的最大間廳堂，十幾個人坐下還嫌寬敞。地板的鋪設也是很另類，用的是仿裝酒木箱子的木板紋拼貼而成，總之它的元素太豐富了，偏偏又無違和感讓人覺得新奇好玩，就連廁所的布簾都充滿藏式風情，新鮮又有趣。

至於它的餐點，則是純藏式的口味，有傳統藏族的吃食，像是青稞粉揉製的麵團有油炸、有火炕烤的，內餡包肉、包菜，各有不同味道、口感，愛吃麵食的一定得來嚐嚐。有一道是羊腸包肉，味道很是特別，至於甜食則是我的最愛，其中大紅棗夾核桃滋味更是一流。

青稞餡餅

羊腸包肉

旅遊小叮嚀

・食：隆務縣城，是個很富裕的小鎮，縣中心吃食很多，大都以藏式口味為主。

・衣：夏季跟台灣的天氣差不多，七月也是雨季，記得帶雨具。

・住：隆務縣有旅館民宿，但是選擇不多，可以考慮住同仁縣，設備也較齊全。

・行：從西寧到同仁約有一百八十公里，再由同仁轉公車可到隆務縣。
隆務寺門票五十人民幣，寺內不可拍照。

08

卓爾山

བཙུན་མོ་དམར་ཡག་མ།

海拔2930公尺

卓爾山上的油菜花田

牛心山，海拔 4667 公尺

好春光 詞：王遠 演唱：吳彤

好春光不如夢一場
夢裡青草香
你把夢想帶身上
藍天白雲青山綠水
還有輕風吹斜陽
一千年 年年花開放
天天好時光

——《春光燦爛豬八戒》片頭曲

西遊・豬八戒的耳朵到哪了

卓爾山有個美麗的愛情故事：

在龍王眾多子女中，有位可愛善良的公主，名叫宗穆瑪釉瑪（藏語，意即卓爾）。當她長大後，愈發動人美麗。求婚示愛者，幾乎擠滿龍王的宮殿。為此，龍王夫婦也費心思量，想為自己的寶貝女兒找到最好的人選。

卓爾山在陽光照射下，愈發鮮紅了

但是，這卻壞了公主的心情，公主心裡嚮往的是自由戀愛，可不想要父母之命、媒妁之言。於是她偷偷溜出龍宮，跑到祁連山來散心。

不想一場意外的邂逅，讓她愛上了祁連山的鎮山之神阿米東索（即現在的牛心山）。阿米東索英武非凡，帥氣爆表，公主一見到就愛上了，一定要嫁給祂。但是，阿米東索已經娶親了，這公主只能為妃啊！此事傳到龍王耳裡，龍王覺得有損家譽而暴怒了，一怒之下將公主禁足不准外出，但是公主為愛寧願觸怒龍顏，逃出宮中，硬要嫁給阿米東索。

如此一來，龍王再也不能忍受這奇恥大辱，於是將公主變成一座山，隔著八寶河讓她不能與阿米東索相聚。可是，能夠朝夕看著阿米東索，公主也心滿意足，這位善良可人的公主就這樣成為了卓爾山，與牛心山隔河相望一起守護祁連山

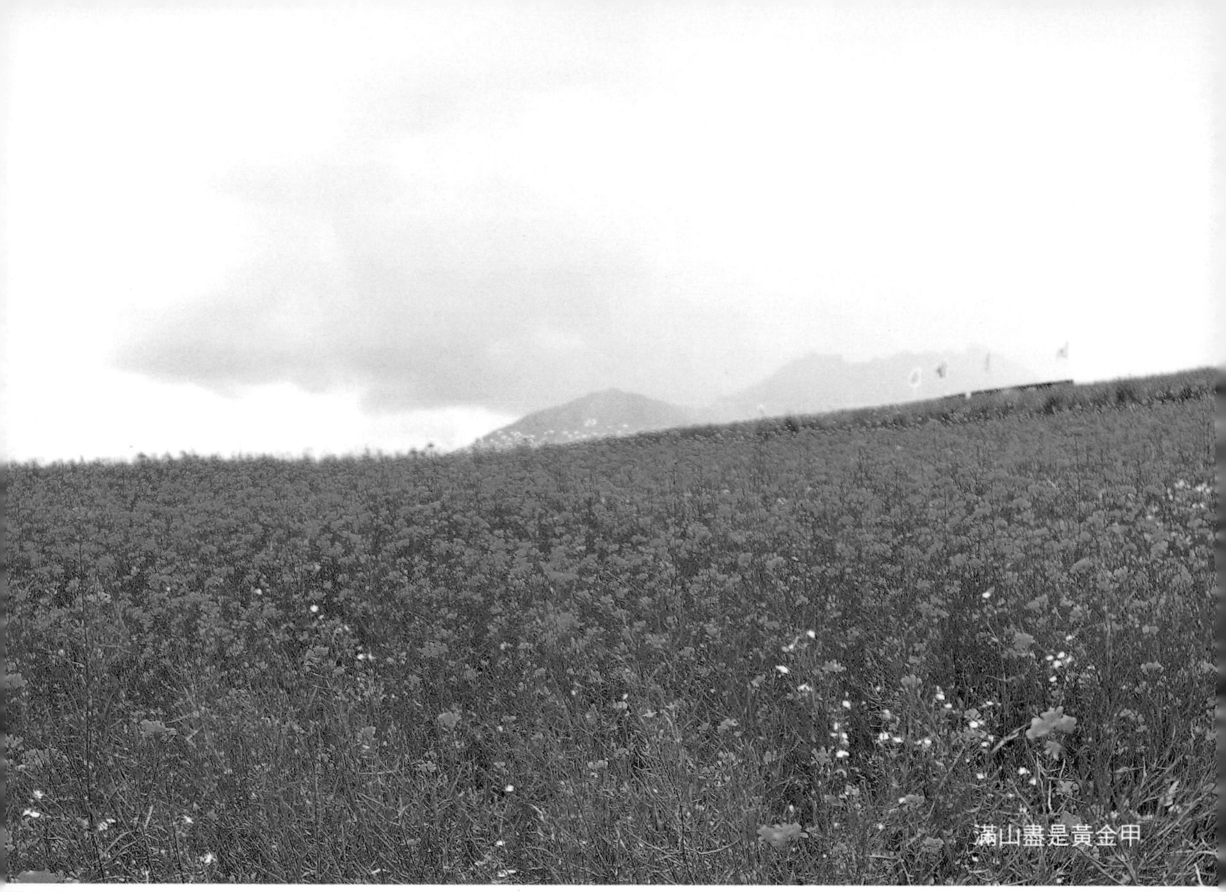

滿山盡是黃金甲

卓爾山沃野千里

前方就是卓爾山

卓爾山下方的 227 公路

區域。

故事很美但是有些淒涼，我個人比較喜歡詼諧的場面，所以這就要借用八戒的耳朵說一說卓爾山的來歷囉：

話說八戒在高老庄混吃混喝，生活愜意得很，但是大家都不知道他的真實長相像頭豬，庄主還將自己的女兒許配給他。這時唐僧跟悟空西方取經，路過此庄，看到了八戒的原形，悟空一怒之下迎頭就打，嚇得八戒的耳朵都掉了，掉到地面就成了一座山，於是當地人就稱為豬耳山，但這豬耳兩字寫起來不雅，就改諧音為卓爾，於是我們就有了卓爾山了。

度假・小瑞士不是浪得虛名

卓爾山藏語稱作「宗穆瑪釉瑪」，意為美麗的紅潤皇后。整座山體由紅色的砂岩跟礫岩組成，在陽光的照耀下色若沃丹，燦若紅霞。卓爾山特殊的地貌，在大地上鋪陳出紅山綠野的天然景觀，加上夏季氣候溫和，非常適合旅人到此度假紓解壓力。

好山也得搭配好水，八寶河像條白色錦帶般蜿蜒在卓爾山跟牛心山之間。河流兩岸，沃野千里，春秋之間，大地宛如顏色的魔術師。冬末春來時，山頂的融雪，匯集來到八寶河，灌溉著祈連的土地，初夏草原上一片綠色世界，仲夏後金黃色的燦爛接手，直到秋姑娘到來，大地是嫣紅奼紫，秋色紛紛，最後又是一片銀白灑滿大地。

卓爾山得天獨厚，草長甜美，牛壯羊肥，生活在此彷如世外桃源，加上地形氣候，讓卓爾山有了「小瑞士」的封號。走一趟卓爾山可以感受到山脈層層高低的景色變化，此外山上還有松樹相伴，更讓人有走在阿爾卑斯山的錯覺。

挑戰・考驗自己的心肺能耐

車子一路穿山越嶺，來到祈連縣的4A級景點——卓爾山。在車上導遊告訴我們，今天可是要輕裝備走長路，路程來回約二到三小時。這可好，青海地大，動不動都是三、四百公里的車程，坐在車上骨頭肌肉都僵硬了，下車走走活絡筋骨這可是好事耶！

到達景區門口，我們等著導遊買票進入。這個小地方看官要留意，景區有專門的觀光車可以搭乘，但這是要收費的，而且出入口分很多區，回程得留意門票上編號，別搭錯觀光車出錯區。

好啦，驗完票，說明回程地點，我們就做一群鳥獸散了。有人愛拍照，有人愛掃貨，

遠眺山下

卓爾山與松樹

登山梯道

螳螂捕蟬，黃雀在後

都是這紫色薊草惹的禍，讓大家不惜以身試法

這下隨人自在，我則是開始與卓爾山交心啦！

一開始的木棧道，走來輕鬆寫意，兩旁的油菜花開得可茂盛，木棧道還圍著木欄，就怕遊客不識相，踩了花田破壞景觀。

突然，感覺一口氣上不來，我只好稍作停歇。對啦，卓爾山高度約三千公尺，山下入口粗估也有兩千多公尺，這跟我們的阿里山相當，走快爬高還是會喘的。但我還走不到十分之一耶，這可需要調整一下自己的節奏。

呼吸突然變得緊要了，可不能太晃悠，還好有美景做調劑，山路走來就不那麼累了。可是接下來的長階梯，不只考驗心肺還得要膝蓋一起加入測試。我只好再更放慢步調，有時休息是為了走更長的路不是嗎？

階梯道一層疊一層，我的汗也是一層疊一層，衣服濕了被山風吹乾，然後毫不馬虎地又濕了。幸好今天陽光明媚，山風吹得挺舒服的。回頭一看，哎呀，這可不得了，我已經遙遙領先所有人，站在高處一覽無遺，山下距離我好遠啊！

身旁不時有小朋友超越我，縱然你體力無窮，但是碰到高山

回眸卓爾山上的油菜花

還是得量力啊！果不其然，我安步當車慢慢地往上，就看到剛剛超越我的小朋友氣喘吁吁倒在一旁，年輕人啊，人生的道路還長，要懂得衡量。

好不容易，終於走到景區的最高點祥和塔，我深吸幾口氣緩和心跳的速度，四處瞭望。古人喜歡登高望遠，果然這嗜好，也傳承下來了，登高山而小天下，這感覺的確不錯，難怪小時候看到八仙傳奇的故事，曾懷疑著，怎麼那麼多人喜歡修練成仙、到處高來高去的，原來這種感覺，我也體會到了。

花田・油菜花田一路盛開著

一路走來，陪伴著我，給我不斷加油打氣的是兩旁一望無際的油菜花。我這次選擇夏日時光來青海旅遊，最主要是要看門源的油菜花田，但是時間還是遲了，受到溫室效應的影響，門源的油菜花等不到我的到來，早在六月下旬就一一黃

烏雲已經聚攏

熟，被割除了，看到門源光禿禿的一片土地，心裡好失望。

感謝老天爺可憐我，在這裡送了滿滿的祝福給我。可不是嗎？黃澄澄的，就像是喜悅的音符，不斷地在我腦海跳躍歡唱。

一邊感謝一邊手也不停拍照是我的好習慣，只是人家園區明明圍著柵欄，就是不希望有人溜進去踐踏這美景，但我還是看到許多不守規矩的攝影愛好者，繞過欄杆去拍照，這種為了追求相機收穫，而以身試法的行為，實在不可取。如果大家都像這樣違規，那後到的人，不就會看到一片狼藉嗎？

驟變．老天翻臉跟翻書比快

當我還在心中碎念的時候，山上的烏雲，毫無預警地就湧了出來，伴隨陣陣山嵐，直墜而下，溫度也迅速降了下來，我一陣哆嗦，好像不妙啊！趕快下山吧，時間也差不多了，快到集合的地點去。

下山的速度遠比上山快，當我下來到販賣區，一瓶黃色的飲料映入眼簾，這個沙棘汁是我在蘇州時，一位同事的女兒招待我喝的，說是沙漠才有。不想在這處看到了，二話不說，趕快來上一瓶。

此沙棘汁味道特殊，酸酸甜甜的，汁香味濃，生津止渴，現在喝來備感親切。

但是，陰陰的山風，吹起來也挺毛的，還是快快下山吧！

來到山下出口，烏雲已經團成一片了，我這次來到青海，每每下雨總是在車行時間，往往一下車就晴空萬里，這不是老天爺在眷顧嗎？看來人要多行善事，積積功德。

沙棘汁

旅遊小叮嚀

・食：卓爾山風景區有許多商店可供選擇，山腰也有飲食販賣區，價位中上，各類吃食皆有。有地方風味也有現代速食的熱狗炸雞。

・衣：夏季跟台灣的天氣差不多，只是山上氣溫變化快，防風防曬的薄外套還是要準備。

・住：祈連縣有許多旅館，可以選擇，設備齊全。

・行：從西寧車站有公路專車直接到此處。自行開車則是走國道二二七線公路。

卓爾山國家風景區

地址：青海省海北藏族自治州祁連縣八寶鎮

門票：選擇很多，單門票六十人民幣，再加上搭乘觀光車就要八十人民幣。

註：個人建議搭車而上可以省去很多山路時間，將體力留在後面爬山路段。

卓爾山國家風景區

卓爾山售票處

09

塔爾寺

སྐུ་འབུམ་བྱམས་པ་གླིང་།

海拔2650公尺

中山門

遠眺塔爾寺後方建築群

觀光電瓶車專用車道

規劃整齊的商店街

轉乘電瓶車

重逢・滄海桑田景物依稀

曾經高唱著青春不留白的我，跟隨著朋友來到這藏族的佛陀聖域。腦海中，我對藏傳佛教是一知半解，只知宗喀巴大師是改革藏傳佛教的至尊，有著無與倫比的地位。

追憶著似水的年華，我記得那是個微雨的夏季時光，天空中含著些許的冷意，陽光似乎不曾穿透雲層，我第一次與塔爾寺相遇的情景，竟是讓人生出陰霾的瑟縮。

耳邊聽著當地導遊的解說，眼裡看到的卻是一地的泥濘。我心想，如此寒傖的廟宇，怎麼可能供奉著宗喀巴如此大能者，他不是受萬人朝拜嗎？廟宇該是無比尊貴金碧輝煌才是啊！

我一邊躲著雨，一邊閃著泥地，縮著

脖子，跟著導覽參觀塔爾寺的一切。心中略有些遺憾，或許我「都市化」太嚴重了，心中對寺院的觀感應該是整潔肅靜才是啊！而塔爾寺就像是由一個個簡陋的小廟宇，隨意群聚在高原上。

等回到台灣後，不時接觸到一些藏傳佛教的訊息，塔爾寺才慢慢提升它在我心中的地位。或許外在設備簡陋的環境，並不能代表它在藏族心中崇高的地位，對藏族而言，心靈的提升重於物質的滿足。

二十年後的重逢，我咋舌了，從山下規劃整齊的停車位、轉乘電瓶車的流暢動線，到有電扶梯幫助朝聖的人前去參拜。還有交由集團承包的商店街，塔爾寺儼然已成為五星級的觀光旅遊區。

這下我倒真的成了劉姥姥逛大街，二十年的滄海桑田，如今塔爾寺真的成為萬人朝拜、遊客爆表的超級大寺。我的腦海不斷地找尋曾經的相似，卻被一波波的人潮給埋沒，景物依稀相同，但卻又充滿著不確定感。

宗喀巴大師

聖地・宗喀巴大師誕生地

提起黃教（格魯派）的創始者宗喀巴大師（西元一三五七～一四一九年），他可是藏傳佛教中的巨擘，關於他的事蹟，多不勝數。今日藏傳佛教的信仰，能在青藏高原歷久不衰，宗喀巴大師的功勞絕對占有一席之地。

宗喀巴大師的佛法哲學思想主張「一切法唯名分別安立」，提倡「中觀應成」，證悟「緣起性空」（註），所以大師積極改革藏傳佛教中的教義分歧。他的學生也為弘揚大師的主張，為他開宗建寺，其中又以哲蚌寺、色拉寺和扎什倫布寺最為出名。其中大師的弟子「克主傑」與「根敦朱巴」更成為後來的班禪喇嘛與達賴喇嘛轉世制度之始。

金瓦殿的菩提樹

相傳，在宗喀巴大師誕生之前，其母就經常在懷孕之期，夢到許多佛教中祥瑞的徵兆，隱隱約約感覺腹中的胎兒會是非凡之子，將來一定有一番大作為。

宗喀巴大師出生當時，據說佛光大現，天上飄來祝頌的仙女，地上不斷湧現盛開的蓮花，周圍圍著一群群祥瑞的動物，有白鹿、孔雀、鶴龜等等，彷彿是在慶祝聖人降世。

宗喀巴大師誕生在安多藏族宗喀地區，是家中的第四子。宗喀巴在藏語的意思，就是宗喀地方的人。他的臍帶一落地就生出了一棵菩提樹（宗喀地區不適合菩提樹生長，然而宗喀巴大師的菩提樹卻長得很好），且每一片樹葉上自然呈現出獅吼佛的形象。

宗喀巴大師從小就行止莊嚴，三歲受居士戒，開始學習佛教經典。他在學習的過程中處處展露他異於常人之處，凡口授皆能背誦，經文也能一目十行，過目不忘。七歲時，夏瓊寺的住持敦珠仁欽為宗喀巴授予沙彌戒，取法號為羅桑札巴。從此宗喀巴就跟隨著大師敦珠仁欽學習金剛法門與菩薩灌頂儀式。

註：大師所處的佛教環境，乃有點像春秋時代，各家各派各有主張，所以他希望能為混雜的佛學經典釐清脈絡，提倡「中觀應成」有點像是儒家的中庸之道，不偏頗，這樣才能走出正道來。「緣起性空」則是說明一切法皆因緣而生，但其本體皆空，無常無我無相，般若波羅心經就標明十分清楚，「觀自在菩薩，行深般若波羅蜜多時，照見五蘊皆空，度一切苦厄。舍利子！色不異空，空不異色；色即是空，空即是色。受想行識，亦復如是。舍利子！是諸法空相，不生不滅、不垢不淨、不增不減。是故空中無色，無受想行識……」。

時輪經院，前方有兩枝藩旗就是經院的地方

中山門前的監票口

宗喀巴大師十六歲告別雙親故里，前往拉薩去接受更高深的佛學。從此再也沒有回來安多。而他也憑藉著對佛學的敏銳與自身扎實的基礎，在拉薩處處展現他的才華。

有次，宗喀巴的媽媽生病了，想看看多年不見的宗喀巴，原本打算回鄉的宗喀巴卻面臨佛學實踐的重要階段。於是他在鼻上扎出洞來，用血手繪了一張自畫像，交由鄉人帶回，請媽媽掛在他的菩提樹上如同親見本人。

塔寺・菩提聖塔到彌勒寺

後來信徒們就圍著菩提樹建一聖塔（西元一三七九年），過了一百多年，又在聖塔旁建彌勒佛寺（西元一五六〇年），因先有「塔」而後有「寺」故稱塔爾寺。

西元一三七九年，在宗喀巴大師的菩提樹建造的聖塔，供奉其畫像後，又慢慢擴建成大金瓦殿，菩提樹不但沒有萎謝，反而從塔底鑽出，六百多年來，依然綠葉盈盈，笑看著虔誠的信徒們。

時光荏苒，今日再見塔爾寺，它早已擺脫當年羞澀模樣，從壯觀的

如來八寶塔

兜售青稞仁的藏族人

中山門前，堂而皇之的是一列盡忠職守的監票窗口，監票員不但要區分遊客是否符合購票資格，還要擔負人潮擁擠的排隊秩序，真如千手千眼般忙碌得很。

位在中山門左前方是一列如來八寶塔，二十年了，它依然光潔無瑕，如我記憶般無誤。

我選了個入口，乖乖等著隊伍前進，一旁不時有兜售吃食、紀念品的小販穿梭其間，其中有個人賣蒸熟的青稞仁，那味道像極了我們的豌豆，只是樣子像是營養不良的豌豆仁。買了包吃吃，打發等待的時間。

穿過中山門後，就進入塔爾寺的中心，一般來說也是最重要的朝聖路線。只見沿路滿滿朝聖的藏族人跟參觀的遊客。我走在其中，渾然不知身在何方，還好在購票處買了本導覽圖，才不至於亂了方寸。

現在我所看到的塔爾寺光亮富麗、設備充實，成為真真正正重要的佛學最高學府。這裡，可以研習藏傳佛教中廣博深奧的顯宗、密宗教義以及五明學。塔爾寺為此設置了顯宗、密宗、醫明、時輪四大經院，分別列在大金瓦殿周圍。

位在中山門正後方的小金瓦殿，是塔爾寺的護法神殿，由主殿、迴

小金瓦殿入口

小金瓦殿的窗牆，充滿藏式風格

小金瓦殿

廊、前院三種建築結構組成，充滿漢藏融合的風格。主殿高三層，鎏金銅瓦的屋頂，在陽光照射下閃爍著金光。

殿裡供奉著身、語、意、功德、事業這護法五明王，其中的壁畫更是經百年而不褪其色，令人深感驚奇。唯一可惜的是殿內不可拍照，所以還是要親身來感受一下。

穿出小金瓦殿後繼續前行，經過時輪塔，據說此塔躲過了日軍轟炸以及文革的浩劫，實在是佛祖保佑。時輪塔旁就是祈壽殿，傳說此殿是為了幫達賴喇嘛七世祈願長壽而建。殿內主要供奉著釋迦牟尼佛，以及迦葉、阿難、普賢、彌勒等菩薩和十六尊者。

此殿的設計為重檐歇山式琉璃瓦頂的漢式風格，殿裡以精美的木雕、泥塑佛像為主，庭院裡種滿奇異花草，故有「花寺」的美名。

花園裡有顆不起眼的石頭，石頭上貼了滿滿的紙鈔與硬幣，據說這是宗喀巴的母親每日遠途取水歇息倚靠的石頭，所以信眾認為它也有佛性，才能為宗喀巴的母親盡點力。

從祈壽殿前方右轉，就會來到塔爾寺的發源處，聖殿大金瓦殿。二十年前，看來有些破舊的殿堂，今日還是被人潮給簇擁得不能仔細觀詳。印象中的大金瓦寺沒有現在三層重檐歇山式的金頂，也沒琉璃磚牆的護衛，就只有塔爾寺的精神依歸——蓮聚聖塔。

我跟隨信眾瞻仰聖塔，以及塔前的宗喀巴大師塑像。殿內暈黃的燈光，晃悠悠的，

大金瓦殿的琉璃牆

祈壽殿側門出口

整座大殿瀰漫著酥油燈的香氣，濃厚的奶香味，薰得人五體陶醉，不知天上人間。

聖塔外表被金、銀、五彩寶石、琉璃、硨磲、瑪瑙、珊瑚、珍珠等包覆，內則供奉著活佛高僧的靈骨，側方開一小洞，可以窺見仍然存活的菩提樹。

大殿前懸掛著清朝乾隆皇帝親筆御賜的「梵教法幢」匾額，在在顯露出宗喀巴在藏傳佛教的地位。

走出大金瓦殿的右方就是彌勒佛寺，塔爾寺就是因菩提聖塔以及此處而得名，先有塔而後有寺。

裡面主要供奉著彌勒佛像，以及佛殿創建者和塔爾寺第一任堪布（佛學博士，通過特殊寺院佛學教育辯證的出家僧侶，通常兼任寺廟的管理職）的舍利塔。由此開始，佛、法、僧三寶俱全，塔爾寺才開始有了寺院的規模。

再往右方走就是文殊菩薩殿，藏傳佛教傳說中，宗喀巴大師就是文殊菩薩轉世的。

遍知殿的鐘，上頭的錢幣是信徒的捐獻

塔爾寺的轉經輪

從遍知殿遠眺大金瓦殿的金頂

大經堂的小廣場

彌勒佛寺、文殊菩薩殿、遍知殿和大經堂圍成一個小廣場，走到這，回頭才看得到大金瓦殿的金頂，不然我們就只能從空中拍攝才可以得見大金瓦殿。

三絕・壁畫堆繡和酥油花

塔爾寺除了在宗教上有一定的地位，它在藝術上更有舉世無雙的貢獻。其中被稱為「塔爾寺三絕」的就是壁畫、堆繡、酥油花。

說起壁畫，那可要推至明清時代。壁畫通常是直接畫在牆壁上，有時也會在絹布上作畫。壁畫的內容豐富，神話、民間傳說、歷史故事、還有佛教經義都有可能成為作畫的題材。而作畫時所採用的顏料皆以天然的礦石跟植物做基礎，因此色澤鮮明，歷久不褪，堪稱藝術的瑰寶。

而堆繡更是將繪畫藝術推到另一層境界。堆繡首先要在繪製好的絹布上進行刺繡、剪黏，堆疊出立體的效果，其效果活靈活現，讓畫中人物更真實地呈現出來，所以觀看者有十足的臨場感。擺掛在塔爾寺中，有十件已歷百年的堆繡，人物顏色依然栩栩如生，實屬藝術最高價值。

最後則是酥油花塑像，這項工藝已被列入國家非物質文化遺產，由此可知此工藝乃是高原上的奇葩。

塔爾寺綠度母壁畫

塔爾寺酥油花館

酥油是青藏高原上的牧民，利用牛奶提取的白色油脂，這種油脂必須在低溫的環境下才會呈現凝固的狀態。凝固的酥油，細膩潔白、可塑性強，加入顏料後即可塑造各種物體。而寺裡製作酥油花的僧人，必須將手浸潤在低溫的冰水裡，讓手降溫後，才能用酥油捏塑各種人物花草造型，可見其難度。

每年，塔爾寺會在新年前後展出製作精巧的酥油花塑像，由於保存不易，等待元宵一過就會焚燒掉，由此更可見酥油花的工藝是如何獨樹一格、鳳毛麟角。

二十年前的塔爾寺，踩著滿地的泥濘，後方是時輪塔

二十年後的時輪塔

旅遊小叮嚀

・食：塔爾寺周遭有規劃整齊的商店街，餐廳飯館小吃十分齊全。

・衣：塔爾寺夏季均溫約在二十度上下，早晚略有涼意，中午高溫可達二十八度。

・住：塔爾寺山下有很多私人會館，旅館民宿選擇很多，如果幸運還可以訂到塔爾寺正對面的賓館。

・行：前往塔爾寺的交通工具很多，自行駕車可直接開至塔爾寺，但是夏天是旅遊旺季，停車位難找。此外可以開車至山下的停車場，然後改搭由湟中縣旅遊局主導的塔爾寺景區旅遊車、電瓶車，省時不費心。費用約四十人民幣。

塔爾寺門票八十人民幣。

10

東關寺

ཁ་ཆེ་ལྷ་ཁང་།

海拔2261公尺

東關清真大寺

地位・中國西北四大寺

東關清真寺在青海西寧市東區，歷史悠久，與西北地區的陝西西安化覺寺、甘肅蘭州橋門寺、新疆喀什艾提卡爾清真寺並稱為西北四大清真寺。

它的面積雖不如名山大寺占地萬頃、氣勢恢弘，但它的規模絕對是青海省第一。從文獻可知，這座大寺已經有六百多年歷史，至今依然擔負起伊斯蘭教的傳承，每天可以同時容納三千多名穆斯林在此朝拜。

這是一座融合漢式建築風格的伊斯蘭清真寺，除了我們熟悉的伊斯蘭式洋蔥型叫拜樓與大門穹頂，其寺牆與主殿卻又是以中式瓦檐梁柱為主。但它所採用的色澤又跳脫一般佛、道教寺廟的紅與黃，反倒以藍綠為主，充滿著伊斯蘭民族的色彩，十分顯眼。

此寺建造特色在於大門的兩側各有一座插天的叫拜塔，每天五次的喚禮，皆是從此處發出，聽見喚禮聲，在四方的穆斯林就會朝著聖地麥加的方向朝拜。

東關清真寺大門

大門穹頂

五功・穆斯林一生必修

每天東關清真寺，會不定時為來此的觀光客進行統一的導覽講解。依據導覽員所述，伊斯蘭教的基本習俗，包括「念、禮、齋、課、朝」這五種，五種功修是穆斯林一生都需要奉行的義務。

「念」，就是做證詞，即清真言，用右手伸出食指比一，口出宣誓的聲明：「萬物非主，唯有真主；穆罕默德，是主使者。」念到穆罕默德時，收回食指握拳直到句尾。這是伊斯蘭教的信仰基石。穆斯林在禮拜時要先吟誦此清真言。

「禮」，穆斯林每天必須禮拜五次，每次禮拜都面向聖地麥加的方向。此禮拜被視為與真主的私人溝通，以表達感謝及崇拜之意。一般來說一日五次的禮拜似乎很難做到，我私下問了一位信奉回教的朋友，他說只要有不方便每日五次的朝拜，就必須在第一次禮拜時跟真主報備，如此便可不用遵守一日五次的朝拜規定。

「齋」，就是廣為人知的穆斯林節日。齋戒月開始後，從黎明至黃昏這段

充滿漢式建築風格的設計

等待朝拜的穆斯林

結束朝拜

寬敞的朝拜主殿

期間，穆斯林皆不吃不喝。齋戒的用意是追求靠近真主的感覺，穆斯林在齋戒月須對真主懷著感恩及服從之心，以彌補他們過去所犯的過失，並行善、給予有需要的人。

「課」，就是天課，換成我們的說法就是捐獻。在伊斯蘭教的想法中，富人是虧欠有需要的人的。富有的人每年必須捐獻資產的百分之二點五給貧窮無依的人，這是一種義務，不是自發的善舉，因為這些捐獻是「真主託付的贈款」。

「朝」，任何體格健全有能力的穆斯林在一生裡，至少要到聖地麥加朝覲一次。這跟藏族一生必須到拉薩朝拜是一樣的。

五種功德，是一種修行，是自身的責任，也是對信仰的虔誠。

習俗・真主阿拉可蘭經

對於伊斯蘭教徒不吃豬肉這種大眾既知的習慣，其中的因緣跟《可蘭經》上的內容有關。《可蘭經》上對於汙穢不潔的牲畜是禁食的，豬因為是雜食動物，牠的食物來源很多，就連餿水也是牠的食物，所以穆斯林絕對不吃豬肉。

此外，就連要宰殺牲畜，如果沒有先經過《可蘭經》頌禱，穆斯林也是不食的。也就是說，他們對於食物的來源有非常嚴謹的要求。我們常在街上的餐廳看到「清真」兩字，大都是針對穆斯林顧客而設，要證明他們所販賣的商品符合伊斯蘭教徒的要求。

我想這跟真主阿拉唯一的使徒穆罕默德的經歷有關。當時穆罕默德為了宣傳伊斯蘭教，受到政治的迫害，到處躲避追殺。在沙

東關大清真寺

漢中，食物來源缺乏，保存又不易，穆罕默德一定是累積許多經驗後，才發現豬肉容易腐敗，也會傳染疾病，反而是牛隻的肉質適合長時間攜帶，所以才會要求他的信徒一定要吃潔淨的食物，免於食物中毒。

至於容許一夫多妻，應該也是因為戰爭，耗損太多戰士，為了要繁衍下一代，以及讓女子有所依歸，才會有此習俗的產生。

回街・新鮮有趣逛不完

從東關清真寺的西南門出來，有一條穆斯林聚集的下南關街，舉凡民生用品吃食，應有盡有，而且價廉物美。

中藥藥材中，枸杞和紅棗適合滋補身體，一直為我們所珍愛，通常在食物或湯藥中添加一些，就能達到很好的療養效果，是屬於溫和調養的好東西。

祁連山出產的酥油和純正蜂蜜，我也買上一罐

下南關街的甜食小吃店

種類繁多的香料鋪

糕餅鋪

這火鍋肉可是滿滿的辣椒香

其中又以黑枸杞為貴，它具有高單位的花青素，除了滋補更能補充女性需要的抗氧化素，美白養顏，保護心血管。也因為它的功效被大肆宣傳，愛美的女性一聽到黑枸杞有花青素總是趨之若鶩，造成搶購風潮。於是它的價格翻漲好幾倍，還被暱稱「軟黃金」，從此稱呼就知道它目前市場的行情。

不過，我在這裡發現，不管是野生或是溫室栽種的黑枸杞，價位不但平實，甚至比我們常吃的紅枸杞還便宜，實在是價格公道，我當下就買了好幾瓶準備送人。

此外，採購重點之一就是紅棗囉，紅棗的種類更是繁多，從小如指節到大如雞蛋，大小尺寸皆有，價格更是便宜到讓人不買都覺得對不起自己。我雖不開伙，但也跟同伴加入搶購熱潮，這些東西送給姑姑阿姨、鄰居大媽們都是好的。

這條街並不寬大，但是長長街道兩邊商鋪都很有穆斯林的風味，尤其空氣中一直充斥著茴香、孜然等香料

像鍋蓋的烙餅

製作烙餅的小哥

貼在爐邊的烙餅

味，烤肉串的火焰也大方接受我眼神的注視。

旁邊甩著烙餅的小帥哥，一直吆喝著我聽不懂的語句，像唱歌一樣吸引我的注意力。好吧，趁著現烤的奶香撲鼻，我就買塊來嘗嘗。烙餅的種類很多，大小就像鍋蓋，有包餡跟不包的。不包餡的有的上面灑芝麻，有的沾上亞麻子，有的就隨你愛加啥果醬就塗上去，慷慨得很。烙餅一到手，我也顧不得燙了，一口咬下，香甜有嚼勁，越吃越來味，我就一邊逛街一邊跟同伴分著吃。

下南關街上也有打鐵鋪，最有趣的是他們居然收購舊的人民幣，而且兌換的價位還滿高的，的確是讓人想像不到。

這樣走走停停，一下買貨一下品嘗，實在是新奇到不行。這條下南關街，大都住著生活在此地的穆斯林，所以路上走的、店裡叫賣的人都穿著回族家居服飾，而我則穿著一般的衣著，所以我看他們有趣，他們看我也充滿好奇，尤其是碰到我們像掃貨一樣大把大把地買，更是吸引許多人圍觀，好像我們是什麼大明星呢！

旅遊小叮嚀

・食：東關清真寺位在西寧市市區，周遭商場飯館林立，各種特色吃食十分方便。

・衣：東關青真寺所在的西寧市，屬於大陸性高原氣候，冬寒夏涼，夏季均溫約在二十度上下，早晚略有涼意，中午高溫可達二十八度。

・住：西寧市是青藏高原上很重要的城市，所以住的選擇豐富。

・行：前往東關寺的交通工具很多，以公車為主，從西寧火車站前出發，即可直接搭乘開往東關寺的車。

東關清真寺免門票。

可愛又虔誠的藏族小孩

青藏高原・札西德勒

西

佛說
前世五百次的回眸，才換得今世的擦肩而過
而我
用了一千多個日子等待，終於換來今日的駐足

11

布達拉宮

པོ་བྲང་པོ་ཏ་ལ།

海拔3760公尺

布達拉宮

初始．美麗的傳說深植人心

這是一齣最有政治權謀的和親宮廷劇：由唐朝太宗皇帝與吐蕃的贊普（吐蕃國王之稱）松贊干布所共同策畫。

原因就是松贊干布英武大氣，想要擴張勢力，一統整個青藏高原，甚至挑戰唐朝，因此不斷地在邊境上製造爭端、引發戰爭。然而長期用兵對兩國來說都十分耗費人力與金錢。於是，和親似乎就成了最好、最快又不會犧牲太多人命跟金錢的處理方式。

但是，想想唐太宗的霸氣，又怎能輕易就將宗族的女子送出去與吐蕃和親？擺個譜，下點馬威，再給個難題讓來迎親的吐蕃使者祿東贊頭疼，最後知難而退，也可消消太宗心頭的不爽。

於是，祿東贊與各國想要和親的使者，經過前面五重關卡後，最後一道考試的題目下來了：唐太宗要求在數百個宮女中找出真正的文成公主，方可同意和親。這下為難了，怎麼從這群花枝招展的女子中找出真正的公主啊！祿東贊想到臨行前松贊干布交給他一個錦盒，要他碰到刁難時打開。

此時不開待何時，說時遲那時快，當祿東贊將錦盒打開時，唰一聲，一隻蜜蜂飛了出來，接著就繞著滿殿的宮女們飛，嚇得仕女們驚聲連連。說也奇怪，蜜蜂就像採蜜一樣，這邊飛飛那邊停停，不一會兒，居然就停佇在一位宮女頭上，不再飛了。反應機靈的祿東贊，馬上向唐太宗指出頭上停著蜜蜂的正是文成公主。原來文成公主喜歡使用一種香料，讓身上散發著花朵的香氣，而蜜蜂就是尋著這花香而停駐。

答案揭曉，太宗發現吐蕃人比想像中聰明，便不再為難，應允了這門和親，結束了這場求親戲碼。

聰穎慧黠的文成公主，被機智的松贊干布，藉由蜜蜂從百位宮女中找了出來。如此美麗善良的公主與聰明機智的國王，這樣充滿真善美的故事，就一路從長安鋪陳到了拉薩。

路途是遙遠的 人心是惶惶的

遠方的贊普，究竟是個怎樣的人啊？公主的內心惴惴不安，雖然帶著佛祖釋迦牟尼等身像一路護持，懷裡還緊握著皇父皇母贈與的日月寶鏡，雖然可以藉著日月寶鏡隨時窺看長安景象，但是公主身負的使命，還是讓她蹙起眉來。一趟路，公主三步一嘆息，五步一回首，走走停停，遠方的贊普啊！你究竟是個怎樣的人啊？公主迷惘的心，始終定不下來。

布達拉宮

布達拉宮的木樑，述說著歲月的滄桑

布達拉宮白宮入口，上方正中的黃色帷幕即是達賴喇嘛觀看信徒表演的地方

等待是心急的
誠意是必然的

偉大的贊普松贊干布，傾全國之力將原本建在拉薩紅山的堡寨重新修建，一座巍峨壯闊的布達拉宮，彷若雪域的聖殿，耐心等待著，歡欣迎接這位他期待多年的女主人。

重生．雪域的聖殿浴火鳳凰

時光荏苒，歲月似梭

再美的傳說，再聖潔的殿堂，總是抵不過政治的迫害與戰火的破壞，布達拉宮在松贊干布之後，經過幾百年的無情摧殘，早已殘敗彷若一片廢墟，往日的美善似乎已不再了。

普陀山是佛教經典中的聖山，「布達」兩字在藏語的意思中就是「普陀」，「拉」是藏語中的山，所以布達拉就是西藏的普陀山。布達拉宮，雪域的聖殿，在藏族人的心中，布達拉宮是無可取代的。它的珍貴，只有達賴五世羅桑嘉措知道。

達賴五世羅桑嘉措，身處西藏政局詭譎多變之刻，仍不畏強權致力於修護布達拉宮，終其一生甚至輾轉輪迴到六世，重建布達拉宮的步伐始終沒有停下來，這是他此生最大的志業，布達拉宮在他不斷的堅持與努力下，終於重新展現在世人眼前。

規模・紅宮白宮攜手入雲霄

建在雪域之巔，俯瞰著黎民蒼生，布達拉宮的地位亙久不變，它是藏族人心中的聖殿，也是世人嚮往的依歸。

達賴五世讓它成為藏傳佛教的精神堡壘，也在此將西藏的政治與宗教合而為一。布達拉宮浴火重生，巍峨的建築群展現出它的氣度不凡，它是高原上的明珠。

布達拉宮主要分為三大部分：

一為白宮，是達賴五世最先完成的部分，共有七層，

從藥王山望向布達拉宮，五十元人民幣上的布達拉宮就是從此處拍攝的

其中最上一層為達賴的寢宮日光殿。白宮是歷代達賴居住所，達賴喇嘛也在此處理西藏的行政事務，進行宗教儀式。

二為紅宮，採用曼陀羅（梵語音譯，即「壇」之意）布局，主要供奉著達賴五世至十三世的靈塔，詭異的是獨缺達賴六世的，這跟後來的政治局勢有著千絲萬縷般錯綜複雜的關係，欲知詳情，容稍後再述。

三為扎廈，是服務布達拉宮的喇嘛們居住的地方。

從外觀看，布達拉宮建有十三層高，然室內實際只有九層。紅宮居中，白宮跟扎廈分列東西，高低起伏，錯落有序，唯有底部藉高大宮牆相連。相連宮牆內之處又被稱為雪城，原是貴族與服務布達拉宮的官員及雜役所居之所，現已成為布達拉宮珍寶館與旅遊服務中心。

輪迴・生生世世與你來相識

悠悠綿綿　生生世世　布達拉跟隨著達賴活佛的涅槃而重生

不分晝夜　香煙裊裊　布達拉浸潤在不絕的梵音中活出靈性

歷代的達賴在布達拉宮，展現他們不同於凡人的生命旅程，轉世活佛也讓布達拉宮有著神一般的神祕色彩。

布達拉宮日光殿

白宮，右上方黃色帷幕即歷代達賴居所

布達拉宮雪城門口，進入後凡室內皆不可拍照

布達拉宮

走在宮殿群裡，我的腳步浮游，身似煙塵，無邊無際，我為此而來，終將何去，俗身是我，我非活佛能預知將來的歸處，但我亦慶幸，此生來過。

回眸・佛祖拈花一笑頓悟沒

沿著布達拉「之」字型的階梯慢步而上，高原上珍貴的氧分子，需要深吸緩吐才能獲得、運用，我低頭專注腳步，我默數心跳起伏，我仰望巍峨宮殿，這是我夢寐所求的聖域。

今日親臨此處，內心的波瀾絕非壯闊可以形容，隱約中，那個有著佛性的個體慢慢占據腦海，前世前前世，還是無數個前世，我是否也曾如此地走在此地？回首，達賴的日光殿似乎閃爍著光芒，彷彿有神照看，我殷殷地期盼，「布達拉宮，終於與你相見了！」。

未央・生命的齒輪依舊轉動

行走高原的殿堂，不如事先想像的容易：首先是

布達拉宮大門安檢

布達拉宮「之」型梯道

身心狀況，我因高血壓的關係，對於高原會出現的症狀特別留意，或許是行前走一趟醫院的旅遊門診，又或許是神佛的護佑，旅行中的高度考驗，我皆一一過關。

其次是政治因素，出入西藏的檢核十分嚴格，尤其是進入布達拉宮，不但有人數的限制，更有停駐時間上的規範，通常用團體的名義會比個人申請來得快。

此外，層層安檢是我初入西藏最大的印象。尤其是前往布達拉宮，安檢規格堪比登機，連水都不能帶入，但是一旦通過安檢門就可以喝水，沿途都有供水站提供熱水，所以建議旅人來布達拉宮時，要帶著隨身杯。

早上的相遇，似乎無法平復我無數的想念。傍晚再訪布達拉宮，卻只能在宮前廣場仰望，不斷回味。

夜晚的布達拉宮，有了光影的照射，又多了一分神祕的璀璨，我流連忘返，難以自己。

夜色中的布達拉宮

天上人間，布達拉宮美麗的倒影

旅遊小叮嚀

．食：行走在布達拉宮，參觀的廳房佛室很多，若只是走馬看花也要四、五個小時，若要細究，甚至聽導覽，那時間更是漫長，建議隨身攜帶乾糧，補充體能為上。

．衣：參觀布達拉宮最好選在夏季，溫度約在二十度左右。布達拉宮室內曬不到太陽的地方，溫度略低，但是一旦太陽下山，那溫度就像溜滑梯一路下降到十度左右。

．住：布達拉宮是旅遊熱點，各式的飯店旅館都有，拉薩市熱鬧不輸台北，建議住的飯店選擇四星以上，有些五星飯店還有客房供氧設備，這在高原是很需要的。

．行：前往布達拉宮的交通工具很多，因為它就位在拉薩市中心。

參觀布達拉宮要事先申請，由西藏旅遊局統一調配，通知參觀的時間。

12

紮基寺

ཟ་བཞི་དགོན།

海拔3656公尺

棃基寺大門

初到・誠惶誠恐拜廟去

雨，從昨天傍晚就開始醞釀，趁著我沉入夢鄉時，緩緩灑落下來。清晨醒來，一夜夢中的迷惑，似乎被雨絲給洗刷得無蹤無影，帶著寓意的夢境，如今也說不上來，隱隱約約好像有那麼一回事，但又混沌不明。

望著窗外的一片煙雨迷濛，一點兒都沒有身處海拔三千六百公尺的不適。這得要拜我下榻的聖地天堂洲際大飯店之賜，他們有超五星的設備，晚上就寢時還有供氧的服務，讓人可以安心一覺到天亮（青藏高原空氣稀薄，睡夢中容易因缺氧而昏迷）。只是昨夜夢中的景象，讓我一時參透不出究竟是何用意。

這個糾結，直到早餐時刻才被滿滿豐富的餐點給暫時停住。洲際飯店的早餐既多樣又貼心，隨時有服務人員為你換上更新鮮的菜餚。我遵從導遊的耳提面命，先來杯酥油茶舒緩一下高原上的壓力，這酥油茶鹹鹹的奶味，實在跟一般奶茶天差地別，但是溫熱的液體一入喉，馬上讓心跳緩和下來。在高原活動最怕動作太大讓心跳動得太快，因為很容易就氣喘吁吁，會一時提不上氣來。

告別讓人元氣滿滿的早餐，我們要出發到紮基寺去。一大早就去拜廟，似乎有點不可思議，但是來到西藏，這個有著佛祖加持的聖地，拜廟訪寺跟到歐洲旅遊參觀教堂、修道院是一樣的自然。

桑基寺的大門出去就是桑基東路

桑基寺天井廣場

紮基寺香火繚繞

來朝拜的藏族人

等待進入紮基寺的人龍

靈驗・拉薩第一財神廟

紮基寺被此地藏族人暱稱是財神廟，據說靈驗無比，想當然耳，不管是仕紳商賈還是販夫走卒，大家都會來此朝拜，求取生意順利、發財得福。所以每日進出紮基寺總是滿滿人潮，是人氣超旺的一座廟宇。

紮基寺又名紮基拉姆寺，主要供奉的是「紮基拉姆」。相傳她是吉祥天母的化身，原本在漢地受人敬仰，一次隨著拉薩來的色拉寺僧人入藏，一時走失，流落此地。由於紮基拉姆天生麗質，被藏地的女鬼妖神所嫉妒，於是下毒加害，斬其雙足讓她無法繼續前行，紮基拉姆遭逢此難，運用法力神通將毒逼至舌頭，又藉著雞腳代替雙足，這才避免這次磨難。所以在紮基寺寺門的左方就可以看到她面呈黑色、舌頭外露、雙足如雞爪的形象。

紮基拉姆原本就是外地來的仙人，一些來拉薩求生謀活的外鄉人特愛來紮基寺祈求她的庇護。紮基拉姆寺經過成功發達的人不斷宣傳，一傳十，十傳百，為求財而來拜拜的人越來越多，紮基寺也就慢慢成為一間財神廟了。

規矩・哈達、桑枝、青稞酒

車子讓我們在紮基東路下車，步行往紮基寺走去，一路上香火店的夥計們，馬上湧

紮基寺香爐

上前來推銷拜廟三寶「哈達、桑枝香、青稞酒」，問一下價錢，二十元人民幣，不貴啊！我入境隨俗買了一份，就很虔誠地去求財了。

走進香火瀰漫的紮基寺，整個天井廣場漂浮著濃濃的桑枝香味，就算天空還不時有著雨絲滋潤，廣場依舊是香雲密佈，薰得人暈頭轉向。我學著當地人，將香包打開，沒想到用力過猛，拜拜的香枝應聲而斷，這下求財似乎碰到險阻了。

不管了，我不動聲色把香點燃，學著別人整束插入香爐，默念六字箴言「唵嘛呢叭咪吽」，然後乖乖地排在入寺的人龍中。

主殿左側就是入寺的門口，一旦進入殿內就不准拍照，我只好將相機收好。這

紮基寺裡的雜貨鋪

時有人靠近，朝這裡神神祕祕地兜售紙鈔，一紮紮簇新的人民幣，有面額一角的有五角的，還有面額一元的，這是啥噱頭？我帶著疑惑慢慢往前移動。

還沒進到寺裡，就聞到一股濃濃的酒味從昏暗的寺內直往外衝，我排在隊伍裡，直接被「攻擊」，根本躲不開，要不是平常有練過，這沒酒量的人怕是要醉了。果然，馬上就看到前方有人直接退了出來，大概是不勝酒氣吧。不久有人已經開始把酒蓋打開，我也跟著做，這青稞白酒的酒精濃度接近四十度，酒才打開就香氣逼人，真有點陶然的感覺。

一進廟裡，昏暗的視線讓人好像走入夢境，我獻上白酒，只見寺裡工作的茶巴（僧人），將酒直接倒入神龕前的大甕裡，一時間我彷彿全身浸到酒泉裡，周身皆被酒氣包圍了。再往前行，跟著信眾打開哈達披在佛祖座前，有人叩首，有人親吻，我則是身、口、意合掌拜了拜。

抬起頭後，我終於知道剛剛那個人來兜售紙幣的用意了。只見前方藏族人，手持一疊紙鈔不斷地往佛像的神龕投去，有的紙幣還貼在神像前的玻璃上，有的人就將紙幣隨手投入前方的貢獻箱中。一旁工作的僧人，不斷拾起貢獻的小額紙鈔，整齊地放在大殿旁，讓身上沒有紙鈔的香客可以自由兌換，不想全數兌換的也可以用找錢的方式供奉，反正來寺求財就得留些錢財給財神爺，這樣才能越求越多。

我摸摸身上的零錢紙鈔，還沒走完殿內一圈，就已用罄，只好學學本地人，直接跟僧人換錢囉！不過話說回來，這寺裡不單只供奉紮基拉姆，一般藏傳佛教中的神祇，通通位列在大殿的四周，數數眼前平視的就有三十幾尊，更遑論還有在上面跟下面的，這樣一一貢獻真的得要好些紙鈔才夠。

一輪走下來，每位神佛尊前都貢獻好了，要不有錢也難，果真是有名的財神廟啊。

旅遊小叮嚀

・身、口、意的拜拜方式，就是雙手合掌，將大拇指收入掌心，然後舉起雙手依序停在頭頂、口前、然後停在心臟位置一拜，拜完後將雙手往身體兩側攤開，手心向上，再一鞠躬。

參拜紮基寺虔誠為上，拜拜三寶約二十人民幣，入寺免費。

紮基寺拜拜三寶

13

大昭寺

ར་ས་འཕྲུལ་སྣང་གཙུག་ལག་ཁང་།

海拔3657公尺

大昭寺前的大昭廣場

尊榮・釋迦牟尼等身像

是夏天也是雨季，這個時候的拉薩，總是在雨的滋潤中。對於大昭寺的訪客來說，是最好的時節。雨會帶著大量的氧原子，對於不常在高原活動的訪客，是一種天賜的恩澤。

大昭寺建於西元七世紀，正值吐蕃王朝的鼎盛之時，建造的目的是為了安座釋迦牟尼的八歲等身像。此等身像乃是尼泊爾尺尊公主與吐蕃松贊干布和親的大禮。聽到這裡，我覺得有點被矇了，松贊干布不是跟唐朝的文成公主和親嗎？沒想到他玩的是三邊協議，不愧是雄才霸主，這兩手策略，讓他與大唐跟尼泊爾都能相安無事，更有利於他一統青藏高原。

但是這樣，文成公主不是很卑屈嗎？原本幻想的王子與公主的幸福婚姻，背後竟然有著政治利益的謀算，唉！大人物的腦袋想些什麼，果然不是我們平民百姓可以窺探的。

大昭寺前的轉經筒

自從大昭寺建成後，距今也有一千三百多年了，時間是最好的見證者，如今大昭寺供奉的是隨文成公主入藏的釋迦牟尼十二歲等身像，而尺尊公主的釋迦牟尼八歲等身像則是安放在小昭寺。

我們在大昭寺裡可以看到松贊干布的塑像，而其左右則分別為文成公主與尺尊公主。兩位公主其實很好分辨，一位身著漢服，另一位當然做尼泊爾服的打扮。

信徒・畢生絕不可錯過

大昭寺因供奉著釋迦牟尼等身像，所以在藏傳佛教中有著無與倫比的地位，深受藏族人的尊敬與推崇，每天總是有來自四面八方的信徒與觀光客湧入，前往瞻仰的人龍綿綿長長。

大昭寺的大喇嘛尼瑪赤仁就曾說過：沒來到大昭寺就等於沒到過拉薩。這的確是至理名言啊！

大昭寺前的廣場，被滿滿的參觀團體和朝拜的人擠得水洩不通，原來是入口處有安檢，這不難理解，因為在文化大革命時期，大昭寺曾受過非常嚴重的破壞，佛像壁畫幾乎毀壞殆盡，甚至淪為牲畜的屠宰場。西元一九七二年當地政府才開始重建，直到西元一九八〇年才陸續開放參觀。二〇一八年二月，大昭寺內又突發大火，引起恐慌，所以

大昭寺的雕梁畫棟，色彩繁複

大昭寺的金殿

安檢更加嚴格，這也是因為大昭寺已被列入文化遺產，實在不能再受到無情的破壞。

參觀大昭寺，可以充分感受到藏式建築風格，藏族人天性純樸樂觀，質樸的個性展現在他們對於美學的概念裡：用色大膽直接，且多是大自然的色彩，紅色是大紅嫣紅赤紅，黃則是明亮的鵝黃，藍色則是出於藍的青色，更有甚者的是藏青色。這些大色，有的對比，有的互補，讓我們在視覺上，極受震撼。最後就是亮晃晃的金色，那似乎才是他們最虔誠的禮讚之色。

囊廓・圍繞佛殿走一圈

沿著大昭寺的中心——釋迦牟尼佛殿順時針走一圈，就是藏傳佛教中十分具有特色的轉經路線，稱之為「囊廓」。

繞圈走時，要一邊念誦著六字箴言：唵嘛呢叭咪吽（梵文為 ॐ मणि पद्मे हूँ），意思就是希望往生之後能夠前往清境無垢的極樂世界，這可是藏族人每天必做的功課。

實在很難讓人相信，他們的信仰能如此虔誠，可以不吃不喝也要轉經走走。中國大陸在二〇一七年拍了一部劇情片《岡仁波齊》，描述的正是藏族人為了朝聖，從村裡走了一年，來到聖山岡仁波齊（岡底斯山第二高峰，是藏族人心中的神山），長達兩千多公里的朝聖路，全都是徒手頂禮撲地大膜拜，這種精神與毅力，實在是生長在現代富裕社會的我們很難想像的。

我最近因為要來西藏，心裡除了興奮，還夾雜著些許不安，就連睡夢中也頻頻出現一些很深沉的潛在意念，這或許也是佛祖的暗示吧，我虔誠地跟著他們的腳步，默默地走了一圈，希望今晚也能有個開釋的好夢。

大昭寺的雙鹿法輪

大昭寺裡的天井

大昭寺的囊廓

大昭寺的釋迦牟尼殿

大昭寺的辦公處

膜拜・一萬次的大膜拜

雨絲依舊，信徒朝拜如常，躲雨的是觀光客，一點兒也不受影響的是信徒。通過門口的安檢，入寺時看到的畫面更驚人，一群群的信徒摩肩接踵地，紛紛做著頂禮大膜拜，據說這頂禮膜拜，可是每個人一生一定要做足一萬次，這可是費體力跟精神的活，究竟是什麼支持著他們，讓他們能夠這樣無欲無求，只為完成心中神聖的使命呢？

佛教的教義，在拉薩，彷如大樹般扎根很深，藏民族的血液也融入其間，空氣中浸染著梵音，不斷洗滌我世故醜惡的心靈，我在大昭寺裡，一邊跟著隊伍慢慢前進，一邊聽著不絕於耳的誦禱聲，一時間，我似乎進入了冥想的世界：前方在菩提樹下坐著講道的是佛祖，而我是他跟前的小小綠葉，聽著聽著，我的頭也如微風般輕搖著，好像有點懂了，又好像什麼都不知道，這是不是還沒到時候的關係？所以我要開悟，似乎還要再等等。

大昭寺外牆賣著酥油茶的小販

大昭寺前膜拜的信徒

旅遊小叮嚀

．大昭寺由於建造年代久遠，許多設備趕不上參觀人潮，所以衛生設備仍嫌不足，入寺參觀前請先在附近公廁解決生理問題。

．大昭寺是藏族人的信仰中心，每天來此朝拜的信徒比想像中多，且寺內燈火昏暗，長年燃香導致空氣流通不易，讓人有閉塞之感。

．大昭寺位在拉薩的老城區，若需要購買紀念品，此處的物價十分公道。大昭寺門票八十五元人民幣（可多次進出）。

14

八廓街

བར་སྐོར།

海拔3656公尺

八廓街是條彎彎曲曲的轉經道

聖路．大昭寺的轉經道

如果說順時針繞大昭寺內的金殿（釋迦牟尼殿）走一圈稱為「囊廓」，那麼順時針繞著大昭寺的外圍走一圈就稱為「八廓」了。八廓街是由八廓東街、八廓西街、八廓南街、八廓北街所組成，感覺好像是如同四方形四合院那般，實際卻是一條彎彎曲曲充滿故事的轉經道。

相傳，這條「轉經道」是贊普松贊干布迎娶文成公主，建造大昭寺後而慢慢演化成的。當時的拉薩居民圍著大昭寺聚集過活，於是慢慢演變成一條充滿藏族人日常生活風格的街道，走在其間樂趣無窮。

既然被稱作轉經街，想當然耳，所有人走的方向就是順時鐘，唯一跟人家反著走的就是來此觀光的外來客。我們的導遊很可愛，八廓街上滿滿都是顏色繽紛、令人目不暇給的有趣玩意兒，偏偏他又怕人潮會沖散我們，於是三步一回頭、

商店展售的手握轉經輪

大型的轉經輪

五步一叮嚀的，看我們緊的咧！

但是偏偏就是有勇於挑戰的人，被身旁五花八門的商品吸引的後果，就是跟不上，不見人影了。這下導遊該是很緊張吧？但是他卻老神在在，也不會逆著走回去找人，只說等會兒人就會出現了，果不其然，就有人灰溜溜、偷偷摸摸地帶著歉意跟上隊伍。哇！這可給了我很大的鼓勵，於是，我也趁著導遊不注意，偷偷去給旁邊的商店做一下國民經濟活動，反正我只要跟著人群順著走，就能找到他們。

走在八廓街，渾身都充滿著被佛祖加持的神力，因為這股力量來自身旁不斷轉著經輪的信徒，他們的誦唸低沉而虔誠，我一邊走著，一邊感受這種信仰之力。最後，我也被同化了，買了一把轉經輪，也跟著周遭人流的動作，有模有樣地跟著前進。

這條八廓街又被稱為聖路，它的由來，當然是時間與歲月累積而成。而曲折的程度，超乎想像。偏偏你只

我的戰利品

能像血管裡的血液，週而復始不斷地往前邁進，做著同樣的一件事，就是轉著經輪念著真言，神奇的事情，是要親身實地去做才會有所感應。我跟著一群信眾，跟著他們的步伐，手搖著轉經輪，也能感受到那些匯聚的能量，川流般慢慢沁入我的心靈，洗滌我的塵念。

法輪・六字真言轉不停

一轉一世界

一念一如來

八廓街上，大大小小的廟寺，多如牛毛，想要每間都進去參拜，可得花掉好幾天的時光。如果可以長住拉薩，我想我一定每間廟宇都去走透透。但是，總是有那麼多的無奈，時間對於我這個旅人來說總是那麼匆忙與不足。

還好，每間廟宇的外頭，都排排設立了好多轉經輪，每經過一間，就先轉轉它們的經輪，也算是拜訪過了。

發明轉經輪的，一定是個天才，在人力時間有所不足的時候，能夠用此方便精簡的方式，達到念佛朝拜的誠意，實在是令人讚佩。

經輪上，通常鑲刻六字真言，每順時鐘轉上一圈就代表一次真言的誦念，一天一萬次的默禱，是藏族人的日常生活。

浪漫・人不輕狂枉少年

一千多年前八廓街有文成公主和親的浪漫美談，千年後則是達賴六世的傳世愛戀。這兩個前呼後應、蕩氣迴腸的愛情故事，讓八廓街頓時溫柔鮮明了起來。關於文成公主的，我先賣個關子。至於達賴六世，那可得好好聊聊屬於他的愛情故事。這一切都得從達賴五世的託付說起。

關於活佛轉世的傳說，我們大都從電影或其他媒體獲得，基本上就是尋找活佛的轉世靈童。依照活佛生前的指示，在他圓寂後，往預言中的方向去尋找符合的幼童，帶到寺裡，加以培育。當靈童的智慧初開，能認出前世生前的使用物，就能判定靈童的身分，等到靈童受戒坐床（意思有如登基），就會正式成為新的活佛。

這套轉世系統，當屬達賴、班禪兩大活佛最為人所知。身為布達拉宮的主人、前藏的宗教領袖，達賴喇嘛的身分與地位有著不可言喻的尊崇。

之前談到達賴五世為了修復布達拉宮，傾其一生所能，當成畢生志業，甚至不惜涉身糾纏在西藏政權的角力中。當他取得優勢，建立甘丹頗章政權，穩定西藏政局後，歲月流光，當年的翩翩風華也到了風燭殘年的時刻。達賴五世有感自身即將卸下皮囊，歸於天地，於是他召喚自己最信任的弟子，第巴（攝政大臣）桑杰嘉措，託付了他兩個神聖的使命：一是繼續修復布達拉宮，直到完成；二是找出轉世靈童，密而不發，等到布達拉宮修建完畢，西藏政權更加穩固才可昭告世人，承繼大業。

當達賴五世圓寂後，桑杰嘉措便依照他的指示尋找轉世靈童，最後確定倉央嘉措就是應屬之人，於是暗中派遣德高望重的喇嘛，為他施與精英教育。但又為了安全起見，避免政敵暗殺，倉央嘉措的真實身分並沒有多少人知悉，當然連倉央嘉措本人也不知道自己的地位與應盡的職責是多麼與眾不同。

歲月悠悠，當桑杰嘉措在拉薩與各方政治勢力拉距之時，倉央嘉措從靈動活潑的稚兒，慢慢被育養成一位翩翩少年，五官俊秀，舉止優雅，有關佛教的經文都能一一默誦，談論經典時更是口若懸河。這一切看在桑杰嘉措的眼裡，那些行為彷若自己的老師那般睿智。他依然忠心遵守著達賴五世的託命，以假召來維持著西藏的政局運作與安定，也保護著倉央嘉措不被傷害。

由於桑杰嘉措的細心維護，倉央嘉措無憂無慮地成長著。每天研讀經文、考據經典，

八廓街人潮皆以順時針的方向前進

是他最快樂的時光，只是青春期的悸動，卻又讓他十分不安。他想，或許等學業完成，他就能回歸故里，像父親跟母親一般，結婚生子，過著幸福的日子。

然而，世事總是難料，當父親與母親的死訊先後傳來，倉央嘉措的心中，支持幸福願望的那根弦，被無情的刀剪割斷。天地茫茫，他的心中再無任何羈絆、再無任何牽掛，彷若浮萍般，天地之大卻無所駐留，飄飄然似無物之身，這年倉央嘉措十四歲。

少年的倉央嘉措，在他清亮的雙眸中隱隱透著寂寥，挺拔的雙肩也不再軒昂，健壯的步伐流瀉出點點落寞，就連最愛的經文佛理，也提不起少年的熱情。這些看在老師的眼裡，自然是心疼的，為了體恤他的情緒，老師放他出寺散步，排解他的鬱結。

春天，是繁花盛開的日子，少年第一次獨自出寺，毫無目地地遊走，大街上的吆喝叫賣，飯館裡的菜飯飄香，透露著生命的熱鬧，與無窮的慾望。少年乾涸的心靈，被慢慢注入了活水。突然，眼眸裡出現了燦爛，一個窈窕的身影，一個含羞的容顏，一個喚醒情感的笑容映入眼簾。這天地再無其他，少年的心裡充滿著對生命的禮讚，這一眼，讓他有了目標，這一眼，讓他不再徬徨，這一眼，彷彿一生一世。

從東邊的山尖上
白亮的月兒出來了
未生娘（少女）的臉兒
在心中已漸漸地顯現

——宕桑旺波（倉央嘉措）

情歌・佳人情牽雪域裡

倉央嘉措的初戀正在萌芽，他總是藉著散心，從寺裡出來和心儀的人碰面。這樣的日子讓倉央嘉措又有了希望，他默默許下天長地久的心願，等到學成，必將帶著她回故里。

正當倉央嘉措握著告白的信紙，滿心歡喜地來到情人面前，那少年情竇初開的靦腆，尚未開口，就被兩位隨後跟來的貼身喇嘛請回寺裡。他當時還不知這已是他們最後一見，

倉央嘉措還以為只是老師召喚，待明日就會再見了。

沒想到這一別就如兩條平行線，再也沒有了交集。倉央嘉措披星戴月被送到了浪卡子（位於羊卓雍湖西側），面見扎什倫布寺的班禪五世。班禪五世在各寺大僧之前，為倉央嘉措剃度、授予沙彌戒。接著迎回布達拉宮，消災、驅邪、沐浴，倉央嘉措在隆重的典禮中，登上無畏寶座，接受清廷康熙皇帝的封誥，正式授名為第六世達賴喇嘛。這年，倉央嘉措十五歲。

不同於一般的靈童，受戒的時間約在七八歲的稚齡，一旦授予沙彌戒，就是接受修持，不再有一般世俗的情感糾葛。但是，倉央嘉措卻是在十五歲，正值青春活躍的年紀受戒，而且他還嘗到了愛情的喜悅，這男女之情就像是野火般蔓延，一發不可收拾。

然而，身為活佛，他必須強迫自己壓抑對愛情的思念，封鎖對愛情的渴望，他還得配合桑杰嘉措的安排，每天不斷精進自己，跟著高僧大德學習各派的佛教經典與奧義。他像魁儡般行屍走肉，他封閉自己對情感的需求，卻在夜深人靜時受著情感的折磨，這樣的日子，過了三年。

一日，倉央嘉措用堅定的語氣告知桑杰嘉措，他想要下山走走。對於六世的無怨與配合，桑杰嘉措也不再過分掌控，便允了他的要求。輕裝便簡，稍事偽裝的倉央嘉措便走出布達拉宮，卻在宮外排隊等著禮見活佛的人群中，邂逅了幼時的玩伴。玩伴並不知

八廓街上轉經的信徒

倉央嘉措此時的身分，只說要來拉薩拜謁活佛就回家去，怎知活佛今日有事不安排會見，只好等明日再來，而六世也不打算解釋。

倉央嘉措見到幼時玩伴，像是覓到一線曙光，趕緊拉著幼時玩伴，詳細詢問家鄉消息。他按耐著性子一一引導對方，就是要得到那初戀的終曲，然而憨直的夥伴，無法給他滿意的回應，只好互拍肩膀，彼此祝福。

翌日，當倉央嘉措坐在寶座上接受信徒的拜謁，並給予摸頂祝福時，兒時玩伴才發現倉央嘉措的真實身分，真相一旦揭開，就是難堪的相對無言。倉央嘉措輕輕擺手請他在偏殿等候。因為他為今天已經等了一整個夜晚了。

在偏殿，倉央嘉措支開隨扈，靜靜地誠懇拜託同伴能否為他尋訪初戀的那個伊人，他唯一想知道的就是她是否安好？倉央嘉措給了同伴一袋錢請他帶去給她，因他知道她的生活並不富裕。

等待的日子，變得更難熬了，六世的情根已種，想要拔除已無可能。每天他的作息與平常無異。而在獨自一人的時刻，他的浪漫、他的深情，都化為一首首的詩作。

自己意中人兒，
若能成終身的伴侶，
猶如從大海底，
得到一件珍寶。

——宕桑旺波（倉央嘉措）

終於，消息捎來了，情人早已嫁做人婦，隨丈夫離開故里了。「轟！」倉央嘉措身體顫抖了一下，雖知可能有此結果，但純潔不受汙染的心，終究是受到了打擊。他默然，靜靜接受了這個訊息。連同那袋未送出的錢幣，也給了玩伴，讓他在拉薩能夠開店過活，算是他對童年夥伴的一種感謝。

原本沉穩的六世，這下更是靜默了，有時連飯也不食，身邊伺候的人渾然不知佛爺怎麼了，告知桑杰嘉措，卻換來責罰。六世知道後，體恤僕役，才又慢慢恢復吃食。但是鬱結的心，需要紓解，於是他戴上假髮，化裝出宮，並用「宕桑旺波」的化名出沒在拉薩的酒肆裡，桑杰嘉措知道此事卻沒有阻止他的行為，只是派著護衛偷偷守護著。

愛我的愛人，
被別人娶走了，
心中積思成癆，
身上的肉都消瘦了。

——宕桑旺波（倉央嘉措）

化名宕桑旺波的六世，風流倜儻，才情出眾，很快就贏得拉薩當地青年男女的認同，常常一同在拉薩各個美景，飲酒作樂，高歌一曲。其中，一位少女的歌聲婉轉如黃鶯出谷，模樣更是娉婷，很快地兩人便常常一起對唱情歌，彼此更是互有好感。但是，六世是何等身分，怎能放蕩至此，很快的，當桑杰嘉措一接獲此訊息，馬上派人將此女子押走，並且禁錮六世的活動。

八廓街上的信徒，人手一支轉經輪

情人藝桌拉茉（奪人心神的女神），
雖是被我獵人捉住的，
卻被大力的長官，
納桑嘉魯（暗指桑結嘉措）奪去了。

——宕桑旺波（倉央嘉措）

巨變．無情荒地有情天

如同晴天霹靂，桑杰嘉措這一舉動，讓六世深埋在內心中的那個執著，徹底爆發。他開始與桑杰嘉措作對，完全不再照他的安排，也更加放縱自己，將自己推入一座座燃燒的火爐中。每晚，宕桑旺波總是醉倒在酒肆裡，被人抬回宮。

一次，他晃到八廓街，居然在一家酒肆裡見到了兒時玩伴，原來這是他開的酒店。他興奮地與他話家常，酒更是一杯接著一杯，豪放喝乾。此時一位少女為父親買酒而來，當爐（高原上煮酒驅寒）站立，看著這兩個如孩童般的傻瓜，笑了出來。這一笑，化開六世的愁，這一笑，解了六世的怨，感情是一瞬間，一見便知是你是我。當晚，宕桑旺波醉倒在溫柔鄉。

若當壚的女子不死，
酒是喝不盡的，
我少年寄身之所，
的確可以在這裡。
——宕桑旺波（倉央嘉措）

就這樣，倉央嘉措，白天是活佛受人景仰，晚上化身為宕桑旺波，成為八廓街上的浪子。日子過得愜意極了，然而該來的命運，總是像已經寫好的劇本一般如期上演。冬夜的一場大雪，讓倉央嘉措走回宮的腳印露了餡，清晨打掃的僕役發現那一行腳印直接通到六世寢殿，以為是小偷，沒想到，這一追查，六世的風流韻事頓時傳了開來。

薄暮出去尋找愛人，
破曉下了雪。
住在布達拉宮時，
是瑞晉倉央嘉措。
在拉薩下面住時，

是浪子宕桑旺波，
祕密也無用了，
足跡已印在雪上了。

——宕桑旺波（倉央嘉措）

這下讓桑杰嘉措的政敵，蒙古和碩特部汗國首領拉薩汗，逮到了證據。拉薩汗自從父親手裡繼承首領之位，就一心想要將西藏併入他的麾下，他野心勃勃，為人奸險自私，剷除異己毫不手軟。這下被他抓到把柄，馬上用計，讓桑杰嘉措下台，並斬殺於湖邊。然後將六世關押起來，準備押解去北京面聖，交由清朝皇帝裁決。畢竟倉央嘉措可是活佛，身分地位就是一塊招牌，可容不得他隨意丟棄。

放下．一回首天涯海角

曾經，倉央嘉措也想放下活佛的尊榮，回歸凡人之身，與心愛的女子一起終老。他也曾經反抗過，故意蓄起長髮，不受比丘戒（更嚴謹的清規戒律）。但是，世間有那麼多的人，依靠著朝拜他而生，他是活佛，理應為世人祈禱祝福的。

於是，他跟著清廷派來的欽差大臣，來到了青海湖邊上，當兩位欽差大臣正為皇上的詔書中指明「倉央嘉措乃是活佛，到了京城該如何安置呢？」而傷透腦筋，倉央嘉措卻在青海湖碧波萬頃的拍打聲中，得到啟發。

天地蒼海盡皆吾土，我不用待在布達拉宮當錦衣玉食的孔雀，我要當翱翔天地間的巨鷗。這年，倉央嘉措二十四歲。

白色的野鶴啊，
請將飛的本領借我一用，
我不到遠處耽擱，
到理塘去一遭就回來。

——宕桑旺波（倉央嘉措）

歷史文獻上寫著是倉央嘉措因不敵長途奔波，且因桑杰嘉措的死去，帶給他極大的打擊，所以來到青海湖病倒了。不久就傳出倉央嘉措在青海湖圓寂的消息，後人根據他所寫的詩，來到理塘，找到轉世靈童，是為達賴喇嘛七世。

西藏當地將達賴六世的情詩譜成歌曲

旅遊小叮嚀

．與倉央嘉措有過戀情的三位女子，分別為仁增旺姆、達娃卓瑪、瑪吉阿米。

．文內倉央嘉措詩集參考于道全的白話文譯本。

前方黃色的屋子就是倉央嘉措與瑪吉阿米共同居住的房子，現在已成八廓街上最有名的地方

15

文成公主

ལྷ་ཅིག་ཀོང་ཇོ།

海拔3653公尺

松贊干布與文成公主

遠眺布達拉宮

壯觀・場面浩大歷史劇

行走在青藏高原上，眼裡耳裡充斥著太多與文成公主相關的事物。一千多年前，那位聰慧溫柔的女性，為何會在青藏高原留下那麼多令人難以忘懷的事呢？

夜晚的高原，總是特別安靜，對於習慣夜生活的都市人，似乎有點寂寥，還好在拉薩還有一場戶外的文成公主歷史劇可以觀看。高原的夜晚冷得比藏羚羊跑的速度還快，因為是戶外，所以有雨或太冷的日子，是無法表演的，能夠演出的時間只有在高原天氣較溫暖穩定的時候，這也算是夏季限定版吧！

前往劇場已是晚餐過後，天還有點光，夏天的高原，日照還是滿長的。劇場的位置就在布達拉宮對面的拉薩河畔慈覺林中國西藏文化旅遊創意園區內，一回頭就可以把整個布達拉宮看得全面。這可是看此戶外戲特有的「撒咪斯」（日語招待之意）。

不過，要走上台階進到劇場，可是讓人喘息不已啊！這劇場把整座山都運用得淋漓盡致，台階的兩側盡是承租的商店，吃的穿的，日用的擺飾的都有，還有一家號稱全世界最高的書局「天堂時光旅行書

扮演松贊干布與文成公主的演員

文成公主劇的開場景

金碧輝煌的唐朝皇宮

吐蕃求親的畫面

店」，看完歷史劇還可以把票根跟他換張明信片寄回台灣，挺有趣的，這樣就可以有高原上的郵戳作紀念了。

依據購買的票種，進到劇場，工作人員就會引導你到所在的座位區。我選擇的是有棚座位的票價，因為根據導遊所說，節目進行當中會下雪，過來人的經驗值得參考，所以我就選四百八十元的價位。

由於此戶外劇全程表演時間是九十分鐘，為了不讓自己錯過任何一個畫面，我還是認分跟著排隊人潮等著上廁所。說起廁所，在高原上的確沒有都市便利，所以我都是把握能上一次是一次，哈，免得身體有狀況出糗。

在會館裡，有販賣表演節目的各項紀念品。有趣的是，居然有「真人版」的松贊干布與文成公主站在現場讓大家拍照。據會場講解人員的說法，一次戶外秀，會動用到三千多名演員，其中單單表演松贊干布和文成公主的演員就有好幾組，是怎樣的表演方式啊！這麼特別。

我帶著好奇的心情跟著帶位的服務員就位，坐好後，不一會兒，原本黑濛濛的山頭突然亮了起來，一種很原始的鼓聲開始慢慢吸引大家的注意，而山頭的燈光也開始出現變化，音樂加入高原上高亢的歌聲，背景音樂則是有著穩定人心的佛頌聲。山頭慢慢出現一座閃耀著金碧輝煌的未央宮（唐朝皇宮），人物慢慢出現，將我們帶入一千三百多年前的唐朝。

整個表演的內容從〈大唐之韻〉、〈天地梵音〉、〈藏舞大美〉、〈高原之神〉、〈藏漢和美〉五大主題，依次引導出松贊干布與文成公主和親的故事，在高原的夏日星空下，我感受到文成公主在藏族人心中的重要地位。

看完此劇後，我被歌劇中那壯闊的畫面與動人的情節給吸引了，還有主唱松贊干布的四郎貢布，他豪邁的歌聲太有磁性，讓我想買他的原聲帶回去欣賞，沒想到居然沒有影片跟原聲帶這種紀念品，可以讓我回台再回味，堪稱可惜啊！

願望．松贊干布的心願

我雖跟著劇情演出的腳步，一方面被震撼感動著，一方面我的思緒也來到了必須提出質問的時刻了：就算文成公主將漢唐高度發展的文化帶入西藏，但是，如果她只是吐蕃贊普後宮眾多的一位妃子，如何能夠成就此功業？

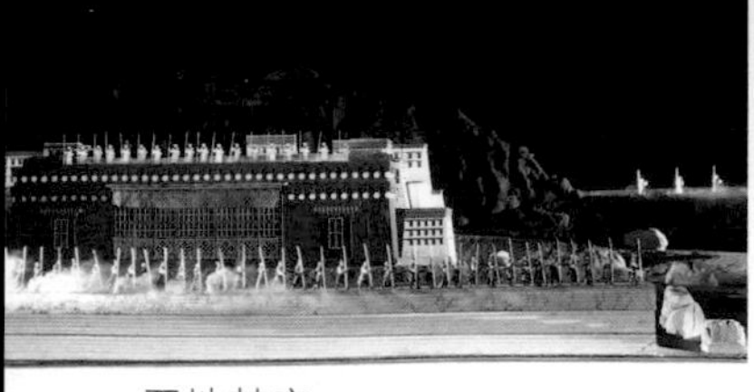
天地梵音

藏舞大美

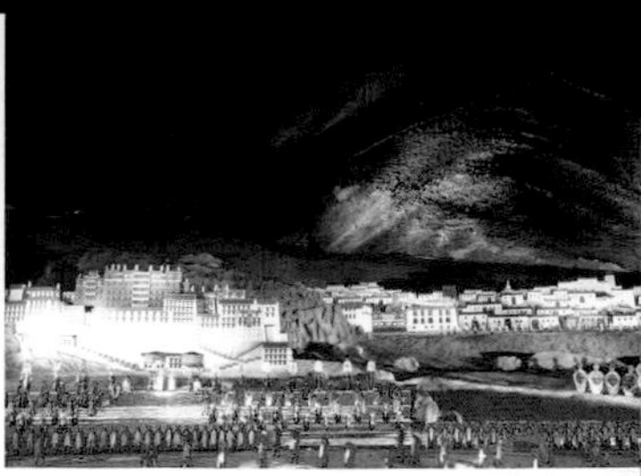
藏漢和美

如果沒有一位偉大有定見的君王，萬萬不可能將公主的影響力推廣至深。松贊干布，不但有魄力，更有遠見，他知道文化傳承的重要，一方面用佛教的教義來感化吐蕃國民；另一方面，他心知吐蕃用結繩來記事，故事用歌謠來傳遞，這對吐蕃的文化歷史，是非常危險的，因為若沒有文字記載，隨時都有可能遺失在時間的洪流裡。於是他敦請大臣吞米．桑布札為他創制融合梵文、烏爾都文的西藏文字，讓吐蕃脫下粗鄙，擠身文明之列。

他也是一位民胞物與的君主，他親眼看著自己的子民在高原艱辛生活的日子，他心疼子民受環境所限，生活不易；他難受子民受無知的苦，病痛不離。他有願望，他說：

我想要生者遠離飢荒，
我想要貧者遠離憂傷，
我想要老者遠離衰老，
我想要逝者從容安詳。

多麼直接又有內涵的願望啊！真希望我們的領導者們也能有這種事事把人民放在心上的胸懷。

昇華．提升西藏的文明

故事慢慢從一千三百多年前的唐朝開始，帶著豐富的漢唐文明，文成公主有著釋迦牟尼十二歲等身像（據說佛祖釋迦牟尼即將圓寂時，他的信徒們希望能留下他的塑像來紀念，於是分別做出八歲、十二歲以及二十歲的模樣，釋迦牟尼看到後，直說十二歲的模樣最像他。）加持著，一路千山萬水來到雪域的故鄉，這需要多大的毅力。因為她的堅持，我們今日才能在西藏看到她從中土帶來的文化種子，在此地開花結果，留下種種令人讚嘆的西藏文明。

文成公主放下對故鄉的思念，轉身擁抱這個屬於她日後的長居之地。她致力教化吐蕃人民，將漢唐的文化融入當地，她帶來的醫書藥書，改善了吐蕃人民的生活，她完成了她重要的使命，她是吐蕃人心中美麗溫柔的度母。

天下沒有遠方
人間都是故鄉
——文成公主劇台詞

中間是吐蕃松贊干布，右方是唐朝文成公主，左邊是尼泊爾尺尊公主

旅遊小叮嚀

·文成公主歷史劇有時間上的限定，前往拉薩時留意一下，以免白跑一趟。

·文成公主劇票價，三百八十元人民幣，坐最前面，四百八十元人民幣坐上一層有棚的地方，包廂五百八十元人民幣，VIP八百八十元人民幣。實際售價以當地公告為主。

·文成公主劇場交通路線：

行車線路一：東線——從拉薩市區過拉薩大橋右轉，見「文成公主劇場」指示牌左轉即到。

行車線路二：西線——從拉薩市區過柳梧大橋左轉直行約10公里，右轉即到。

購票代訂：藝遊網https://www.yourart.asia

16

扎什倫布寺

བཀྲ་ཤིས་ལྷུན་པོ་དགོན།

海拔3874公尺

扎什倫布寺大門

佛心・放下嗔癡立即行善

位在後藏首府日喀則城西尼色日山麓的扎什倫布寺，藏語稱之為吉祥須彌寺，是後藏最重要的格魯派寺廟。身為歷代班禪駐錫地的扎什倫布寺，外表沒有布達拉宮的恢弘氣勢，有的只是與民同甘的親切和善。

今天，總算是驕陽豔豔晴朗的好天氣，風還微微吹著。我像大老爺般慢慢晃到扎什倫布寺的大門，沒有安檢，沒有搜身，一派輕鬆寫意，純正的宗教氣息，讓人自然而然就感到舒服自在。

看守門的喇嘛，也如鄰家大哥般坐在那喝茶閒聊，看到我們，點點頭就讓我們進入。這種自然心態跟布達拉宮安檢的大陣仗實在有如天壤之別。說真的，我打從心裡就喜歡上扎什倫布寺。有可能是它的自在渾然天成，比起布達拉宮的匠氣，它更像道家所提倡的「法自然」；道法自然，佛當然也能如此自然。

這樣的氛圍，讓人很快就能融入它的氣場，那是一種善的能量，一種歸真的領域。佛家說：放下屠刀，立地成佛。我也可以感覺到，在扎什倫布寺，彷佛能放下貪嗔癡的俗世慾望，從而興起一股想要向上行善的念頭。

像民居的扎什倫布寺僧舍

休息中的信徒們

扎什倫布寺的信徒，一派輕鬆自在

扎什倫布寺的信徒，彷佛走秀的模特兒

住在僧舍的小沙彌

喇嘛也會跟上時代滑手機

日常・念佛一日佛緣一生

走在扎什倫布寺前方的建築群中，有如身在迷宮一般，一間間的僧舍，高度約在兩三層樓間，分散雜列。轉個身就有信徒或喇嘛的身影，想再仔細端詳，又會消失無蹤。曲巷、樓梯、斜角、彎路，這些美麗的間隔，讓信徒跟喇嘛成為在迷宮中走秀的模特兒。

耳邊不時傳來頌禱聲，原來他們一邊走著，一邊還默默誦念著經文，這已是他們生活中的必然了。

藏區的佛教徒打從出生，就要到廟裡尋求高僧的加持命名（藏族人沒有姓氏，完全由喇嘛賜名）。從小，父母親長灌輸的教條也是佛家經典與規範：幾歲到幾歲行什麼禮、拜什麼佛；到寺裡當小沙彌，學習經文禮儀……

他們這一生，也就這樣跟佛祖結了緣，再也分不開。也沒有人想要分開，因為一切對他們而言就如喝水吃飯般，他們安於天命，順應自然，這是藏族人們的純真。虔誠。

流轉・四季如常歲月方好

這般悠哉的個性，恰如轉經輪不斷地流轉，轉出生生世世的堅定，轉出日日月月的緩步而上，來到白塔時，剛好有信徒正在轉著經輪，我也隨著他們跟著走一圈，抬

扎什倫布寺的白塔

扎什倫布寺的轉經輪

悠閒曬著太陽的貓

屋簷邊的白色菩提葉

扎什倫布寺大殿的門環

難得拍到的祈殿內部

奉獻台

頭一看屋簷邊閃著白光的菩提葉，風吹著葉片，葉片輕輕地晃動著，這一瞬間，我突然有所悟，原來動就是能量，我們發自內心的動都是驅使我們的能量，有了善念，那麼就會有好的能量，反之亦然。

通過層層疊疊如迷宮的僧舍後，就來到扎什倫布寺的主建築群。這裡又有著歷代班禪增修、擴編的經堂、佛殿、祈殿等。大都是高聳的碉樓式建築，造型典雅莊嚴，朱紅色的牆壁是它的特色，裡面供奉的佛像、金塔更是金碧輝煌，光彩耀眼。

佛像中以主殿強巴佛（未來佛，也就是彌勒佛）大殿裡高二十六點七公尺的未來佛坐像為最，坐像純銅塑身，法相莊嚴。為了鑄造此佛像所耗費的黃金、鑽石、珍珠、珊瑚、

強巴佛大殿

強巴佛側殿

瑪瑙、琥珀、松石不計其數，堪稱扎什倫布寺的鎮寺珍寶。

值得一看的還有措欽大殿，就是大經堂，內部有四十八根柱石承托殿頂，正中就是班禪喇嘛的座位，是扎什倫布寺重要祭祀活動的地方，可以容納二千多名喇嘛。我們到達時，正好是晚課開始的時間，大大小小的僧侶快步走進經堂，坐下來後，馬上跟著前方的老師誦念佛號，我們獲准進入，走在其間，我的腳步虛浮，身似游塵，彷佛走入電影畫面中，實在是很奇特的經驗。

順著迴路走出大經堂的東側門，就會來到大經場。這是一個由措欽大殿、強巴佛殿、度母殿所圍繞的廣場，主要是班禪喇嘛對全寺講經辯經的地方。廣場四周的廊壁上繪有一千五百五十三尊姿態殊異的釋迦牟尼像，所以又被稱為千佛廊。

度母・慈悲為懷普渡眾生

位在強巴佛殿正對面的是度母殿，也是藏傳佛教中難得一見的女性佛殿。雖然佛家常說，世間萬物，盡皆平等。但是，能夠在扎什倫布寺這樣的大寺，還能擁有一方天地，這度母殿的重要性，可非一般。

措欽大殿

強巴佛殿前的大經場

據說，度母在藏傳佛教中的地位，就像是台灣民間流傳中救苦救難的觀世音菩薩，祂慈愛萬物，閃耀著母性溫柔堅忍的光輝，是藏族人十分尊崇的神祇。

度母殿，不像其他佛殿有著寬敞大開的佛堂，祂只有一方小小的神龕，前方還有鐵製的樊籠圍著，但是看到神龕周圍燻黑一片，就可以知道祂香火鼎盛、受人景仰的程度。

當地導遊說，藏族人喜歡對著度母訴說煩惱。只要誠心祈求心願，往往都會聽到度母的回應，十分靈驗。我也有想問之事，所以趁此機會上前跟度母說了，然後將耳朵附在神龕上，看看度母怎麼回我。等了半天，就是聽不見任何聲音，是我不夠虔誠，還是度母聽不懂我的漢語呢？

了悟・本無一物何來塵埃

我實在是太無聊了，根本就是喜歡攪和的個性，人家來求的是真實的生活難關，希望度母解惑。而我只是愛湊熱鬧，或許度母一眼就看穿我的無厘頭，所以才會毫無反應。

千佛廊佛上釋迦牟尼繪像

的確，我平常與人相處，也常因一時興起而做出失禮的行為，或許自己都沒發現得罪人了，還沾沾自喜，自以為是。

我也該改改自己這種個性，才不會失禮於人。會不會我也曾因為自己種種失序的言論，換得別人無禮的對待，我卻認為是對方的錯。難怪，我常想不透有時很要好的朋友，怎麼突然就不聯繫了，或是不再來往。這說不定就是度母給我的答案，要我好好反躬自省。

昨日種種，譬如昨日死，今日種種，譬如今日生。這可是老祖宗給我們最好的開釋。

而且佛教禪宗六祖慧能也說：

菩提本無樹，明鏡亦非台，本來無一物，何處惹塵埃？

若能做到，那麼這個世間也就不會有分不清理還亂的爭論存在了。

度母殿的神龕

度母殿前的祈禱

旅遊小叮嚀

・扎什倫布寺在日喀則市西側，在車站有三輪車可供代步，費用便宜。

・扎什倫布寺的周圍有座自由市場——江洛康薩，裡面販賣當地藏族日常的用品，很有特色。扎什倫布寺入寺費用四十人民幣。

17

羊卓雍錯

ཡར་འབྲོག་གཡུ་མཚོ།

海拔4441公尺

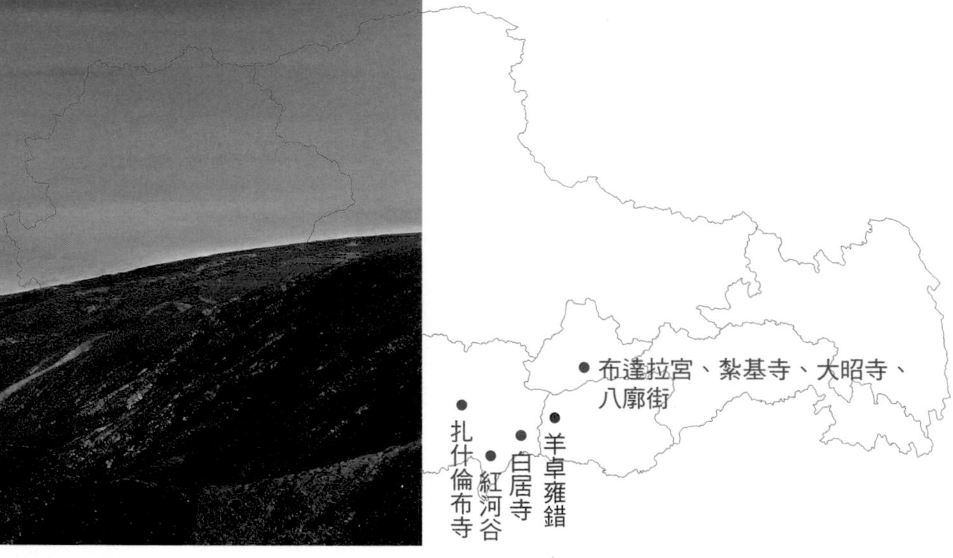

遠眺羊卓雍錯

神祕・穿越時空的神祕力量

車子慢慢流轉在三一八國道上，說是國道，但是寬度卻跟我們的產業道路沒啥兩樣，尤其是緊貼著山壁行駛時，真會讓人捏一把冷汗。這次的青藏之行，為什麼老天總愛跟我們鬧著玩呢？讓我們安排好的行程不斷變動，但得到的結果卻又比預計的好。

比如今天，我們應該會是在日喀則，但是領隊導遊擁有豐富的經驗，想要我們先在三千多公尺的地方再多待上一日，這樣身體逐漸適應後，才能再上到四五千公尺的地方。所以，美麗的羊卓雍錯就讓我再多等了一天。

車子在四千公尺的山谷慢悠悠地走著，我的腦袋卻還在昨日的夢待著，奇怪的是，我來西藏之前，就一直陸陸續續做著要真實面對被自己深藏壓抑的夢。一種對生活的不滿與無奈、一種人際關係的糾結與迷惑，往往清醒起床後我都還在思考，這究竟是何原因。

昨天在扎什布倫寺的經歷，好像給了我一個模糊但是又頗有概念的解答。究竟是上天給了我什麼啟示？還是佛祖想要敲醒我混沌的腦袋呢？車內的空氣溫暖而潮濕，具有

羊卓雍錯旁的喇嘛寺

身披彩衣的氂牛

催眠之用，看看窗外，四周迷霧大起，車燈所照範圍只限前車的車尾燈，這詭異又驚險的路程，讓人想不閉上眼睛都不行。

不久，導遊的麥克風響起，告知我們往日喀則的道路因天候關係被封路了，如果按我們原訂的計畫，那麼現在我們就會被卡在往日喀則的道路上動彈不得。這似乎又是老天冥冥之中的安排，如果當初不改行程，或是有人堅持按照行程的規劃，那麼結果一定又會不同。不管怎樣，計畫永遠趕不上變化。還好，我們順應了人，老天也會幫忙的。咦！這好像跟夢中的寓意有點關聯耶！

才想到這，太陽居然破雲而出，這會不會太神奇了。不一會兒，羊湖（為羊卓雍錯的漢語簡稱）就這樣毫無遮掩地呈現在我們眼前。

這樣的羊湖是靜謐的，而非神祕，但是在平靜的覆蓋下，湖面下埋藏了許多祕密。羊卓雍錯在藏語是「上部牧場碧玉湖」，簡稱為羊湖。在藏傳佛教中，羊卓雍錯是龍女的化身，是女護法神的駐錫地，其神聖的地位不可小覷。在湖的西南岸，就有座香巴噶舉派的桑頂寺，該寺是西藏唯一由女活佛護持的寺廟。

羊湖是藏傳佛教的聖湖，因為有太多關於轉世活佛的預言都曾在此顯現。生與死是宗教最愛討論的話題，有人說：你一出生就離死亡愈來愈近了。但是對於轉世的傳說，肉體雖然消逝，靈魂卻是物質不滅，一直留在天地間，如何讓靈魂能夠穿越時空，呈現

羊湖邊的小紫花

瑪尼

在世人眼前，轉世似乎是最好的方法。

瑪尼・祈求陰陽兩界的幸福

走近羊湖，一股冷冽的氣息襲來，我的身體起了個哆嗦，整個人頓時清醒些，望著被雪山圍攏的湖面，恍如隔世，是否我的前世，前前世，或是再之前，也是以某種型態在注視著它？

有可能是身旁的犛牛，或是旁邊不知名的小紫花，還是像石塊那樣堆疊著。說到堆疊的石塊，我從前看過一本小說，書名不記得了，但是內容卻印象深刻，書中寫到：

人死後，靈魂會來到奈河邊，渡河通往冥界，接受輪迴轉世。但是，要過奈河卻不是每個人都能順順利利。

在生時若能積善積德，則能輕易走上擺渡的船；不然就是孝順子孫燒的金紙錢，讓他的祖先能付錢給官差，放行上船；沒有錢的就只好蹲在河邊堆疊石頭，堆得最高而沒有垮下，也可以登船。但是一堆高就會有惡鬼從樹林裡奔出，一把將之推倒，如此日復一日，沒有盡頭，除非有人幫忙，犧牲自己阻止惡鬼，讓他能順利登船離開奈河。

藏族人也深信著，人死後要為亡者祈福，希望他早日解脫，進入輪迴，方能轉世再次為人。這是一種很質樸的信仰，相信眼前看不到的那個世界，相信善惡終有報，相信他們所做的努力都能回饋到他們心愛的人身上。

如果，你在別的地方，若發現有這樣的石堆，別做樹林裡的惡鬼，將它們推倒了。

有著捲毛髮的氂牛

天人・天上一日人間千萬年

我們繼續往山上爬升，來到羊卓雍錯的最高點，站在此地，羊湖就像羊腸小徑般圍著山谷，自成一個遺世獨立的世界。

紛擾的凡間，在此攪不動一點波浪，荒唐的色彩也無法渲染羊湖的清澄。放眼望去，一切是那麼的平靜、那麼無為，似乎多做一些就顯得累贅，不做恰恰是最好。

站在這觀看凡間的天上仙人，許是沒有變化，才會捏製人偶，賦予生命，真正攪亂一池湖水啊。岸邊的氂牛站久了，舒服地躺了下來，不知他一覺醒來，會不會發現已是人間千萬年。

噩耗・天有不測而人有旦夕

正當我做著仙人的幻想時，這時突然傳來一陣緊張害怕的呼聲，一直叫著：「救命啊！救命啊！有沒人是醫生啊？」

這時就看到好多義勇人士，衝到事故處，連我車上的司機也提著氧氣筒往前去救助。原來是有人上廁所，才一起身就突然倒下，原以為是滑倒，沒想一翻身，發現嘴唇都紫了，這才驚覺不妙。

我都忘了，我們還在四千多公尺的高原，空氣稀薄到你得慢吸慢吐，所有動作都得放慢，尤其是上下車、上廁所，甚至，連澡都不用洗咧！我因為認真聽從醫生的建議，預防的藥物也按時服用，所以害怕的高原症並未出現，不但克服體能上的不適，尤有甚者，還將氧氣瓶給了需要的人用。

等到上車出發沒多久，司機的無線電就收到剛剛倒下的那位先生搶救無效的消息，已經聯絡到家屬來辦理後事。雖然不是我們同團的人，但是聽到如此噩耗，大家一方面慶幸自己平安，一方面也感受到大自然也存在種種令人意料不到的狀況。

旅遊小叮嚀

・羊湖一路上盡是蜿蜒的道路，容易暈車的要事先做好準備。

・羊湖也沒廁所，通常就是雜草叢裡蹲，不然就得忍到制高點，那裡才有公廁，但是味道濃烈，請自行判斷如何解決生理需求。

羊卓雍錯湖海拔標高 4441 公尺

18

白居寺

དཔལ་ཆོས་དགོན།

海拔3900公尺

白居寺措欽大殿

十萬佛塔入口

白居寺仍保有原本的泥土地

派寺・黃白花三教合一

白居寺，藏語稱「班廓曲德」，意思是「吉祥輪勝樂大寺」，又稱「吉祥輪寺」，漢語稱「白居寺」。是一座藏傳佛教薩迦派、夏魯派、格魯派三教共存的寺院。

白居寺建於十五世紀中葉（一四一八年至一四三六年）。歷史悠久，建築完整保留藏式風格，精巧的設計，讓它在一般的寺院中有了特殊的地位。

走近白居寺的大門，好像是來到一個藏式院落，泥土地面坑坑洞洞，恍若無人修繕管理。但是一深入其內，赫然發現它的設計的確不同於一般藏傳佛教寺院各院落各自獨立，反而是一幢連著一幢，肩挨著肩，跨一步就可以飛簷走壁到另一處，在這裡拍拍武俠劇，應該不錯。

通過大門後，首先映入眼簾的是措欽大殿，紅土披牆的大殿主要為大經堂，前廊立柱上懸掛著古老的絲織唐卡，據說這都是無價之寶。大殿內不准拍照，裡面供奉著一尊高八公尺的釋迦牟尼銅像，據傳是以一點四萬公斤的黃銅所鑄造，兩側則分別有東、西淨土殿，殿內的塑像風格不同，確實是融合藏傳佛教中薩迦派、夏魯派、格魯派的藝術風格。

措欽大殿高三層，但只開放一層讓人參觀。我問了當地的導覽員，為何有紅牆跟白牆同時出現的藏式用色風格，原來在藏族自治區，宗教跟政治其實是一體的，所以出現紅白牆的寺院，通常就是昭告他們是政教合一。最明顯的例子就是布達拉宮跟扎什倫布寺。

責任・風雨不輟守門人

走出措欽大殿，在與吉祥多門塔的中間，捱著一間小小的轉經房，我好奇走了進去，昏暗的光線，必須要閉眼一下才能適應，只見經房中間杵著一座大經輪，看來得要好些人才推得動，我試了試，想用蠻

白居寺大門

尼泊爾式窗戶

十萬佛塔

力時，突然冒出一個小沙彌，他說我的方法不對。

這倒是激起我的好勝心，馬上要他實地演練，他一邊操作一邊喃喃自語，問他念什啊，他說轉經輪時是一定要邊念真言的。於是我就跟著他一邊轉一邊念經文。好像跟著念就與他變得熟稔，無話不說了。問他每日都要來轉來念嗎？他說這是每天必做的功課，還有擦拭牆壁也是要的。擦拭牆壁？我抬頭往四面牆上看去，天啊！這些壁畫真美，顏色光澤依舊，而且畫工細膩，筆法更是精湛，絕不輸名門大寺。

小和尚看我認真了，就一幅幅為我解說，越說越興奮，居然又擦了起來。我問每天這樣擦怎麼顏色都不掉，他很驕傲地說這是他們的師傅厲害，這樣不褪色的壁畫如此稀有，所以他也要好好珍惜，每天勤擦拭。

真是好教育啊！對比我們的台灣孩子，每天錦衣玉食，要他們倒個垃圾、掃個地，都還要三催四請，比請神還難，沒想到這佛寺的小沙彌這麼認分。

我走出這小小經房，抬頭瞇了一下眼，經房太暗了，對小孩子好嗎？但是，看那虔誠的態度，若他長大後負擔寺裡的看守任務，絕對會是個盡責的守門人。

佛塔裡的喇嘛

白居寺措欽大殿的守護獸

迷陣・白居菩提十萬塔

與小沙彌告別後，終於走到白居寺真正聞名的「吉祥多門塔」，它是塔裡有寺，寺裡有塔，一座塔就有近百間佛堂，其中佛像佛龕就有十萬尊之多，因此又稱「十萬見聞解脫大塔」，簡稱「十萬佛塔」。

是啊！解脫耶！你凡根未清，你俗事無成，就來解脫吧！當我一踩上那既高又窄的階梯時，就已經有所覺悟了。十萬佛塔高九層，其中塔底部是由四面八角曲型的尼泊爾曼陀羅式建築所建成，約五層高，需沿著外圍走道，一步步慢慢按順時鐘方向爬上去。剛開始我還能每間佛堂神龕都去觀想一下，等走到第三層時，我就有點乏了，開始出現胡思亂想了，這時前方居然冒出一位喇嘛，他從哪出來的？我想跟上他的腳步時，卻又發現出口在右方，要出去嗎？還是跟上去？

我不該那麼快就放棄，上方一直有人聲傳來，佛塔應該可以繞完的，於是我鼓起精神繼續前進。左方的門簷守護獸也點點頭，給我實質鼓勵。我該不會出現幻覺吧，我搖搖頭，認分走下去。

等到我站上塔頂時，發現左方是展佛台，左前方可以遠望宗山城堡，那城堡似乎也有一個可歌可泣的故事。欣賞完風景，看看時間也差不多

白居寺展佛台

了，才突然想到，是要逆時針走回，還是繼續順時針走就能下塔？天啊！我的身邊已經沒人了，剛剛聽到的人聲到底在哪啊？我急急忙忙地想找個人來問問，卻是越繞越心急，鑽入樓梯想要走下去，卻又到了另一個佛堂，我東竄西走，就是走不出這十萬佛塔。

迷路了，我居然在佛塔迷路了，靜心，我一定要靜下來，著急可是解決不了我的狀況。我先找到白居寺大門的位置，記好自己現在在第幾層，然後順時針走，有樓梯就下，就這樣才走出這令人頗有感悟又有些驚惶的十萬佛塔。

旅遊小叮嚀

・白居寺的十萬佛塔，很有看頭，一定要爬上去走走。但還是要衡量自己身體狀況。

・白居寺前有條商店街，專售當地色彩的紀念品，價格十分便宜，可以考慮。

19

紅河谷

ལུང་པ་དམར་པོ།

海拔3580公尺

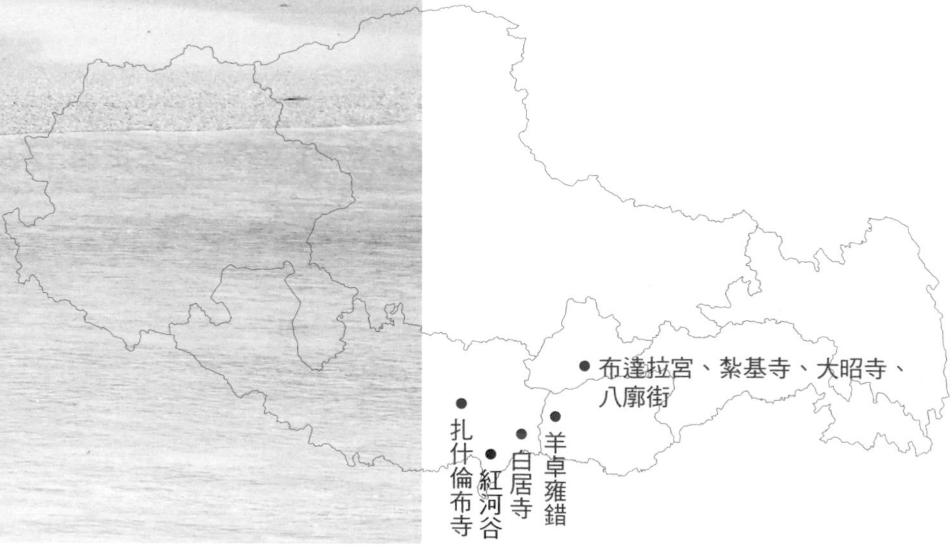

雅鲁藏布江河谷

守城・不投降浴血抗英

西元一九〇四年，一群配戴軍械的英軍，藉由貿易談判，來到聖山珠穆朗瑪峰下的江孜。與當地的藏族人進行一場名為改善生活，提升文明，希望西藏成立自己國家的正義行動。但實際卻是像強盜般掠奪西藏資源，搶占文明古物。

電影《紅河谷》，依據英國人彼得・費萊明（Peter Fleming）所寫的《刺刀指向拉薩》（Bayonets to Lhasa: The First Full Account of the British Invasion of Tibet in 1904）這本書為題材，拍攝出當時英軍入侵西藏的過程。其中，英軍在談判的過程中假借退出子彈，取得藏族人信任，讓藏軍也跟著退防，沒想到，奸險的英軍只是表面作戲，一見藏軍退出山頭，馬上搶占要塞，對手持刀械的藏軍進行屠殺式攻擊。這場英軍入侵的戰役中，藏軍總死傷高達一千五百人，而英軍卻只有少數傷亡。

誠實的藏軍沒想到英軍如此卑劣，憤而死守江孜，在宗山城堡浴血奮戰，與英軍展開長達一百天的對峙，直到彈盡援絕，無一人倖存。

宗山城堡地勢險要，位置居高臨下，易守難攻，是扼守江孜的重要堡壘，也是進出拉薩的鑰匙，英軍佔領江孜後，一路挺進拉薩，逼得達賴

宗山城堡

十三世避走蒙古。最後英國與西藏簽訂拉薩條約，將西藏領事權給了英國，西藏最後也成為英國的勢力範圍了。

冰川・紅河谷一片成名

雪山女神，珠穆朗瑪峰，剛生下來的時候，是一個大海中的貝殼，過了很久才長成美麗的女神。她有十個雪山姊妹，生下的孩子中，有三個最要好的兄弟，老大叫黃河，老二叫長江，最小的弟弟，叫做雅魯藏布江。（節錄自《紅河谷》）

電影中，雅魯藏布江與世無爭的美，是最吸引人的。那一幕幕的風景，有著藏民淳厚質樸的個性，他們看似粗鄙，但卻最貼近自然。人跟自然融為一體，看自然就跟看藏族人一樣，都是未經修飾的。英人妄想用自己的科學文明破壞他們的生存環境，實在是罪不可恕。

我們從日喀則出發時，天色依然陰沉，開車的司機都不敢保證今天能不能過得了山頭，因為如果天候不佳會封山封路。但是紅河谷的場景大都取自這段公路，如果換條路走，可是會錯過很多美景。

不過我昨天在扎什倫布寺跟度母祈求，希望旅程一切安好，所以安

地勢險峻的宗山城

啦！我們就這樣耐著性子，沿著公路慢慢往雪山女神們的方向前去。而且雅魯藏布江一路來都給了我們視覺上最好的廣度，能見度這麼好應該沒問題吧。

一個大彎段，河不見了，山路一路拉高，遠方隱隱約約看得到聖山頂上的白雪，這可是珠穆朗瑪峰的姊妹山耶！

車內的空氣因眾人呼吸變得濃稠了，呼出的熱氣把車窗蒙上一層白霧，我擦了擦玻璃，一片銀白的山巒映入眼前。啊！乃欽康桑峰，西藏的聖山，我終於見到妳了。

越過山路的最高點，車子緩了下來，導遊說我們是貴客，一般在夏季是見不著下雪的，而我們居然碰上了。是吧！這聖山也在歡迎我們的到來，我懷著虔誠謙卑的敬意在心裡默默感謝她，謝謝她給我們看到這一切的美好。

挑戰・五千公尺的突破

下了車，整個冰封世界的寒氣迅速席捲而來，冰冷使我縮得只剩下眼睛了，媽媽咪亞，我現在可是挑戰人類體能的

雅魯藏布江畔的油菜花田

氣勢磅礴的山勢

聖峰下的木棧道

極限，站在五千多公尺的高山上。心跳的聲音興奮地彷彿要跳出胸腔，這樣的生理反應讓我措手不及，頓時感受到空氣中氧氣的不足，我噏了噏口氣，深吸慢吐，緩和一下心跳，才慢慢邁出步伐。

前方是卡若拉冰川的融雪線，雪線近在眼前，像個透明的巨型怪獸盤據在山頭。大自然真是奇妙，冰川就這樣被凝結在那，彷彿有一個封印的神界，讓它永遠也無法再跨越融雪線一步。

我慢慢地走過去，感受這有如神的國度，電影《魔戒》（The Lord of the Rings）裡的冰封世界此刻正在我眼前上演。我如履薄冰，全身精神都專注地走著，遠處還有藏族人的經幡和煨桑台，這幕景象又讓人想起《紅河谷》那幕冰川因爆裂聲而崩塌的畫面，實在是太震撼了，真怕冰川也會因為我的心跳聲而震動下來。

終於，我踩上了電影最後的景點，《紅河谷》裡的主人翁，英國記者瓊斯正是站在這個位置說：「我看到聖山了，就是他保衛著那群不被屈服的人民，而他們也不會被消滅，因為他們的背後有著更遼闊的世界。」

我們都沒有權利決定一個民族的存活或滅亡，那是一群受帝國主義作祟的瘋子才有的想法。在大自然面前，我們應該要心存敬畏，學著謙卑，甚至要愛惜自然，與它一同長存天地間。

卡若拉冰川海拔 5560 公尺

冰川的融雪線

乃欽康桑峰下的煨桑台

乃欽康桑峰海拔 5020 公尺處

旅遊小叮嚀

‧山上的氣候變化萬千，隨時都要注意當地的氣象預測。

‧海拔五千公尺空氣的含氧量，是一般人體所能承受的最低極限，除非有受過訓練，一旦發現狀況不對，請馬上戴上氧氣瓶，預防缺氧。

‧個人認為，來此處最好能事先觀看電影《紅河谷》，遊覽時才會更有感觸。

20

青藏鐵路

མཚོ་བོད་ལྕགས་ལམ།

海拔5068公尺

深綠色的青藏鐵路車身

四人軟臥包廂

我的車票跟乾糧

工程・世界第一高原鐵路

在人類近代偉大的建築工程中，青藏鐵路應該是世界之最了。關於它的光榮建築成就實在太多了，的確應該好好記上一筆。

首先，它建造的地理位置就已經先站上「頂峰」。因為它是世界上最高的鐵路，約有九百六十公里是在海拔四千公尺以上。當然它也是最長的高原鐵路，全長一千九百五十六公里，至今仍是紀錄保持者。

其次，它有五百五十公里是穿越地表最厚的長年凍土層，里程數比俄羅斯鐵路、阿拉斯加鐵路都長，絕對是世界第一。

此外，它還有世界海拔最高的唐古拉車站，高五千〇六八公尺；最高的凍土隧道風火山隧道，海拔四千九〇五公尺；而最長的高原凍土隧道，是穿過崑崙山的崑崙山隧道，全長一千六百八十六公尺，距海平面高四千六百四十八公尺；還有一條最長的高原鐵道橋，全長約十一點七公里的清水河大橋，以及安多鋪架基地，它可是世界最高的鐵軌工廠，海拔四千七百〇四公尺。

單單就這些數據一字排開，就可以深刻了解青藏鐵路是多麼不凡。它從青海西寧到西藏拉薩全長一千九百五十六公里，貫穿青藏高原一片無人的凍土層，讓進出西藏成為一般人的日常，而不再遙不可及。

今日，我們可以藉由青藏鐵路，享受安全、舒服、便利、快捷的青藏旅程，實在要歸功那些在高海拔、忍受類似極地般殘酷環境的工程人員。沒有他們的犧牲奉獻，我們就得忍受更高額、更不方便的高原之旅。

寧靜・夜色中的高原低吟

有人說，沒搭過青藏鐵路，就不能說來過西藏。搭乘青藏鐵路已成為觀光重頭戲，是旅行必要考慮體驗的重點。

根據網路上搭乘者的經驗，大部分的人都認為，上西藏最好從較低海拔的青海西寧開始，再一路慢慢向上攀升到拉薩，這樣一方面可以漸漸適應高原氣候帶來的不適，還可以領略青藏高原那片草甸地形、冰川、湖泊、雪山，甚至還可以看到珍貴的藏羚羊。

但是，事實上，高原鐵路並不能跑太快，最大的原因乃是它是架築在凍土上。所謂

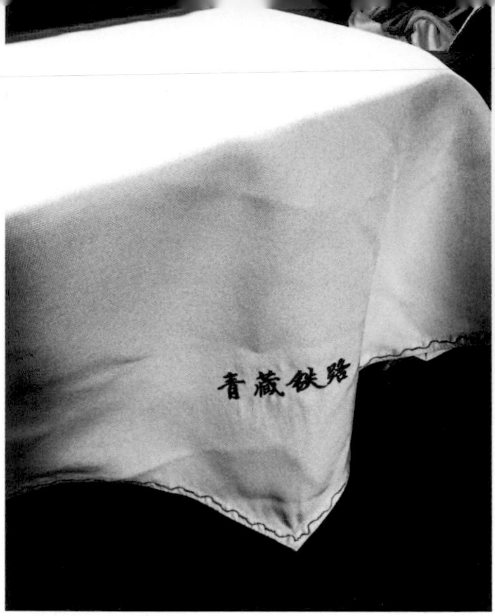

青藏鐵路火車包廂

包廂外的走廊，可以稍微走動舒緩坐太久的不適

凍土，就是結冰的土壤，如果震動太大、太頻繁，容易讓土層移動，有發生坍塌的危險。所以，從西寧到拉薩，慢慢拉高實際需要二十五個小時以上，而且還不包括中途可能想要下車觀光的措那湖或唐古拉，這樣旅程所耗費的時間、精力，將會影響你接下來的西藏旅程。

基於種種考量，我們最後決定搭夜班車，從拉薩下滑到西寧，如此時間上可以縮減一些，而且在車上過夜也是很不錯的體驗。

話說計畫是很美好的，但訂票的過程很麻煩。雖然我們是交由旅行社代辦，但是實際拿到軟臥票（可以睡臥鋪的票）時，卻發現同伴是分散開來，不在同一車廂。一個軟臥車廂要擠進四個人，如果有不認識的人，的確很不方便。還好，換位置似乎也成了旅客間不成文的慣例，我們被通知可以先占好四人鋪，然後再跟原鋪位的人換票。這樣的方式又造成搭上火車的一些小插曲，都說長途火車旅行太枯燥嘛，這規定恰好成為很好的聊天話題。

從拉薩的火車站，經過一層層安檢關卡，我的心情一直持續在興奮的狀態，接著跟當地人搶上車、搶鋪位，又是一番折騰，等到把四個人的行李都塞好到臥鋪下，我已經累得不想動了。

拿出水果、乾糧，先是一陣囫圇吞棗，這才稍稍有些動能看看車廂的設備。雖說青藏鐵路有許多世界第一的紀錄，但是它已經營運很久了，有些設備早就不堪長期使用，很容易發生故障，尤其是衛生間，我真想說那狀況真是慘不忍睹，而且間數少，每次使用都要等上一段時間，很不方便。

此外，餐車上的菜色也讓人提不起一絲絲慾望，連泡麵都還比它美味啊。然而仔細想想，其實是我們的嘴巴養刁了，人家當地人還不是一樣吃食，一點兒都不覺得有哪裡不方便。

望望窗外，夜色很快就霸占了天空，高原的夜晚，有種孤寂的美，越發引人思鄉的情懷，想想離鄉遠嫁的文成公主，想想走下高位的達賴六世，他們也算是異鄉遊子吧，當時他們望著這一片廣大的土地，內心是否正思念著家鄉的人。

每個人的人生都不同，或許都有離鄉遠遊的夢想，但遠方是否都有著自己想要追尋的青鳥呢？

歸途・漫漫長路終有歸期

火車搖晃的節奏，奏出遊子思鄉的情懷，車上廣播系統流瀉出一陣輕柔的音樂，十點了，車上會減少供電，接著就一片漆黑，大家該進入夢鄉了。

我睜著眼，隨著燈光調暗，同包廂的夥伴有一句沒一句地聊著，旅程要畫上句點了。一路上，我做的夢，我親眼所見，與我心靈所領會的，都將會是我生命中很重要的一環。冥冥中，高原之行讓我重新體認到自己的不足，領悟許多生命的意義，也讓我學會謙卑，尊重自然，這一切一切都將成為我靈魂的依歸。

清晨，窗外微明的光線，再次讓人從混沌中清醒，我的心靈之旅也要告一段落了，旅程之前是期待，旅程之後是豐收。雖是結束，但也是另一段的開始。

車外是一片綠色的草原

旅遊小叮嚀

・青藏鐵路的車票十分難買，必須事先透過旅行社訂票，否則單單排隊購票還要準備很多證件，手續也很麻煩。

・西寧進拉薩出，或是拉薩進西寧出，基本上沒有多大的差別，不需要特別考慮高原症狀。

・車上伙食的確不優，可以自行準備吃食，餐廳也有熱水供應。

國家圖書館出版品預行編目資料

青藏高原・扎西德勒 / 葉育青 著
-- 初版 -- 臺北市：瑞蘭國際, 2019.08
240面；17×23公分 --（PLAY達人；16）
ISBN：978-957-9138-24-6（平裝）
1.遊記 2.青海省 3.西藏自治區

676.569　　108010911

PLAY 達人 16

青藏高原・扎西德勒

作者｜葉育青
責任編輯｜林珊玉、王愿琦
校對｜葉育青、林珊玉、王愿琦

封面設計｜劉麗雪
版型設計、內文排版｜陳如琪

瑞蘭國際出版

董事長｜張暖彗 ・ 社長兼總編輯｜王愿琦

編輯部

副總編輯｜葉仲芸 ・ 副主編｜潘治婷 ・ 文字編輯｜林珊玉、鄧元婷
設計部主任｜余佳憓 ・ 美術編輯｜陳如琪

業務部

副理｜楊米琪 ・ 組長｜林湲洵 ・ 專員｜張毓庭

出版社｜瑞蘭國際有限公司 ・ 地址｜台北市大安區安和路一段 104 號 7 樓之一
電話｜ (02)2700-4625 ・ 傳真｜ (02)2700-4622 ・ 訂購專線｜ (02)2700-4625
劃撥帳號｜ 19914152 瑞蘭國際有限公司
瑞蘭國際網路書城｜ www.genki-japan.com.tw

法律顧問｜海灣國際法律事務所　呂錦峯律師

總經銷｜聯合發行股份有限公司 ・ 電話｜ (02)2917-8022、2917-8042
傳真｜ (02)2915-6275、2915-7212 ・ 印刷｜科億印刷股份有限公司
出版日期｜ 2019 年 08 月初版 1 刷 ・ 定價｜ 380 元 ・ISBN ｜ 978-957-9138-24-6